Harald Neckelmann

Das Pony in der S-Bahn

Berliner Kuriositäten aus Geschichte und Gegenwart

berlin edition im
be.bra verlag

Bibliografische Information der Deutschen Nationalbibliothek
Die Deutsche Nationalbibliothek verzeichnet diese Publikation
in der Deutschen Nationalbibliografie; detaillierte bibliografische
Daten sind im Internet über http://dnb.d-nb.de abrufbar.

© berlin edition im be.bra verlag GmbH
Berlin-Brandenburg, 2020
KulturBrauerei Haus 2
Schönhauser Allee 37, 10435 Berlin
post@bebraverlag.de
Lektorat: Matthias Zimmermann, Berlin
Umschlag: Manja Hellpap, Berlin (Illustrationen: Nina Pagalies)
Satz: typegerecht berlin
Schriften: DTL Documenta, PF DIN Text
Druck und Bindung: GGP Media GmbH, Pößneck
ISBN 978-3-8148-0244-2

www.bebraverlag.de

Statt eines Vorworts

»Ein Pferd heißt Pferd, weil es fährt ...«– Wie es scheint, hat vor einigen Jahren ein kleiner Einhufer in Berlin diese Textzeile aus einem Karnevalsschlager allzu wörtlich genommen und sich mitten in das Gedränge des öffentlichen Nahverkehrs begeben. Ist das kurios? Bestimmt. Einzigartig? Keineswegs. Zumindest nicht in Berlin. Daher ist es gut möglich, dass die übrigen Fahrgäste nur einmal kurz aufgeschaut haben und ansonsten eher mit sich selbst beschäftigt waren. Das ist eigentlich schade, denn die Stadt steckt voller Überraschungen, die neugierig machen und manchmal auch den Blick auf die Welt verändern können.

»Das haben Sie sich doch ausgedacht!«– Diesen Satz musste ich in meiner Arbeit als Journalist und Stadtführer mehr als einmal hören. Aber: Nein, die Geschichten in diesem Buch haben Berlin und seine Bewohner hervorgebracht. Man muss nur manchmal genau hinschauen und sie aufschreiben.

Um bei unseren wiehernden Freunden zu bleiben: Es gibt zum Beispiel im Deutschen Technikmuseum eine Treppe, auf der früher die Pferde ins Obergeschoss trabten. Kein Treppenwitz! Die Tiere sind nicht nur wendig, sondern auch schlau: Eins von ihnen soll um 1910 sogar die Rechenkunst beherrscht haben. Wo es beerdigt liegt, ist nicht bekannt. Aber wer im Park von Glienicke spazieren geht, findet dort mehrere Pferdegräber mit großen Steinplatten.

Die Texte in diesem Buch erzählen auch von anderen merkwürdigen Steinen: einen benutzte zum Beispiel der Kaiser, um bei Paraden auf sein Pferd zu gelangen. Ein

Gedenkstein im Tiergarten erinnert dagegen an einen armen Soldaten, der einst vom Blitz getroffen tot vom Pferd fiel. Gleich gegenüber können Sie beobachten, wie sich ein Fuchs mit Kaninchen einen Bau teilt, ohne dass die eine Spezies der anderen zum Abendessen wird. Leben und leben lassen – auch das ist Berlin.

Das Straßenpflaster besteht hier mitunter aus Schweinebäuchen. Woher der Name kommt, erfahren Sie auf den nächsten Seiten. Das Berliner Schnitzel dagegen besteht aus Kuheuter und gilt ebenso als Spezialität wie der Hackepeter, die Erbswurst oder der Döner Kebap. Bei der Verdauung hilft vielleicht eine Berliner Weiße oder eine Mampe Halb und Halb – auch die Geschichten hinter diesen beiden typischen Berliner Getränken können Sie im Folgenden nachlesen. Und wussten Sie eigentlich, dass in dieser Stadt auch das älteste Bier der Welt nachgebraut wird?

Zuviel Alkohol war häufig im Spiel, wenn die Berliner Mauer in umgekehrter Richtung auch mal von West nach Ost überwunden wurde. Die so »Flüchtenden« wurden Mauerspringer genannt. Überhaupt nicht am Alkohol liegt es dagegen, dass die Berliner Mauer an einer Stelle die Form eines Entenschnabels hatte oder an anderer Stelle heute noch durch ein Bundesministerium verläuft. Auch das sind Phänomene, die es zu klären gilt.

Die Mauer zu den Berliner Erfindungen zu zählen, scheint allerdings doch etwas abwegig. Mit Sicherheit dazu gehört aber ein »Schutzwall« aus Gummi (nämlich Fromm's Kondom), von dem im Weiteren ebenfalls erzählt wird, genauso wie die Geschichten hinter dem Eierschneider oder dem ersten Handy der Welt (das allerdings nur leuchten und Wind machen konnte). In Berlin ist auch ein aerodynamisches Auto in Tropenform entworfen worden, das allerdings ein Ladenhüter war und am Ende nur noch an Berliner Taxifahrer verkauft wurde. Deren ältestes Gefährt ist aber heute ein Peugeot, der bestens gepflegt immer noch seine Runden in der Stadt dreht. Ganz anders als ein skurriles Autowrack, das vor sich hin rottet, aber regelmäßig eine neue TÜV-Plakette erhält.

Und wir begeben uns in diesem Buch auf's Wasser: Wir testen Schiffe in einem bunten Kasten, der wie ein Elefant aussieht, der sich auf seinen Rüssel tritt. Wir folgen einem Kahn, der für viel Geblubber auf Berliner Gewässern sorgt. Und begegnen einem silberfarbenen Dampfer in Form eines Wals, der keine verbrauchte Luft in Form einer Fontäne nach oben ausstößt, dafür aber die Zähne fletscht.

Kurz gesagt: Dieses Buch gleicht einer Wundertüte, bei der man nicht weiß, was man als nächstes findet. Auf eine lexikalische Gliederung wurde dabei bewusst verzichtet. Dafür gibt es als kleinen Anreiz, selbst auf Entdeckungsreise zu gehen, zu jedem Kapitel eine Adresse, an der man sich selbst ein Bild vom Ort des Geschehens machen kann, auch wenn dort inzwischen manchmal nichts mehr an die Ereignisse erinnert, die hier vor Jahrzehnten oder Jahrhunderten stattgefunden haben. Dafür entdecken Sie unterwegs vielleicht noch andere Kuriositäten, deren Hintergründe sich zu erforschen lohnt.

Nicht anfassen, könnte auseinanderfallen! Aber immerhin hat er noch TÜV ...

Automobiles Experiment
Ein Fahrzeugwrack mit TÜV-Plakette

Hanns-Lüdecke Rodewald liebt seinen Opel Olympia Caravan von 1956, auch wenn man dem Fahrzeug das nicht gerade ansieht. Er hat es vor gut 40 Jahren zum letzten Mal gewaschen. Sein äußerer Zustand ist miserabel, deshalb besitzt das Auto auch kein H-Kennzeichen für historische Fahrzeuge. Rodewald repariert bewusst nur das, was kaputtgeht. Als Professor für Fahrzeugtechnik betrachtet er das Auto schon seit Längerem als ein Experiment mit fachlichem Hintergrund: Wie lange kann ein Auto durchhalten, wenn man nur die für den TÜV relevanten Reparaturen durchführt? Auf diese Weise verübt der Fahrzeughalter allerdings auch automobilen Widerstand gegen die Staatsgewalt.

1976 erwarb Rodewald den Opel an einer Tankstelle bei Koblenz – für 600 D-Mark. Seitdem hält er dem Wagen die Treue, will aber nicht mehr in die Veränderung des Autos eingreifen. Stattdessen probiert er, es mit dem niedrigsten Aufwand fahrfähig zu halten. »Es hat mich einfach interessiert, was passieren wird«, erzählte er 2017 dem »Tagesspiegel«. Rodewald hält die Technik in Ordnung. Der Kombi muss verkehrssicher sein, möglichst mit den vorhandenen Teilen. Zum Beispiel habe er die Gewindestangen der Stoßdämpfer wieder angeschweißt, anstatt wie üblich die kompletten Dämpfer zu tauschen. »Mein Opel ist original erhalten – nicht bloß originalgetreu wie viele andere Oldtimer.« Auf die Optik legt der Professor jedoch nicht so viel Wert. Er parkt seine automobile Ruine bei Wind und Wetter vor dem Haus, da lässt sich Rost nicht vermeiden. Die Karosserie

wurde mehrfach geschweißt, der Lack ist stumpf wie Sand-
papier, nur noch hier und da blitzt die Originalfarbe »Verona-
Grün« durch. Unzählige Beulen rundum erzählen von dem
bewegten Leben des Opels. Eine Moos- und zwei Flechten-
arten versuchen, sich des alten Fahrzeugs zu bemächtigen.
Der Autobesitzer schaut erfreut auf das Blech und sagt: »Hier
kommt jetzt wieder die Gelbflechte.« Bleibt der Wagen längere Zeit stehen, nisten sich immer wieder Mäuse unter der
Motorhaube ein.

Hanns-Lüdecke Rodewald lehrt an der Hochschule für
Technik und Wirtschaft in Berlin. Von den Ingenieuren, die
bei ihm studieren, werden nicht wenige Fahrzeugprüfer bei
TÜV, Dekra oder anderen Organisationen. »1977 wollte ich
den Wagen verkaufen«, erinnert er sich. Zuvor ließ er den
Wagen ein einziges Mal waschen. »Aber für 500 D-Mark
wollte ihn damals niemand haben.« Also lief der Wagen weiter im Alltag, bis Rodewald auch andere Fahrzeuge fuhr. Der
Opel blieb angemeldet und wurde stets pünktlich beim TÜV
vorgeführt, damit er weiter auf der Straße parken durfte.
Trotzdem hatte der Halter bislang 14 Bußgeldverfahren am
Hals. Anfang der 1990er Jahre begannen die Probleme mit
den Ämtern zu eskalieren: Eine erste polizeiliche Anzeige
mit dem nicht belegbaren Vorwurf »Autowrack kraft Ver-
mutung«, der zur Stilllegung seines Fahrzeugs führte, konnte
Rodewald noch mithilfe eines Anwalts abfangen. Denn
das Äußere täuschte. Aber Mitte des Jahrzehnts wurde der
Wagen zwangsstillgelegt. Dabei war er fahrbereit und vom
TÜV geprüft. Das Verfahren zog sich über anderthalb Jahre
hin. Am Ende musste das Amt sogar Nutzungsausfall zahlen.
Später erhielt Rodewald einen Bescheid vom Ordnungsamt:
Der Wagen verstoße gegen das Abfallbeseitigungsgesetz und

stelle eine »Beeinträchtigung des Straßenbildes« dar. Das dürfte der Zeitpunkt gewesen sein, an dem es für ihn kein Zurück mehr gab.

Knapp 60 Jahre hat der ehemalige Lebensmittelwagen inzwischen auf dem Buckel und springt immer noch an. In der Hauptuntersuchung macht der Opel die Ingenieure regelmäßig verlegen. Manche wünschen eine Fahrzeugwäsche. Einmal musste Rodewald ein sogenanntes »Fußgänger-Ableitblech« auf die Fahrertür schweißen. Nach einem Unfall stand der Türgriff nach außen und wurde als Verletzungsgefahr für Passanten kritisiert. Der letzte juristische Streit galt der Umweltzone, in der Rodewald wohnt. Der Halter antwortete, der Wagen werde in der Stadt nur per Anhänger bewegt. Relevant für eine Strafe ist das Fahren, nicht das Parken. Das Verfahren wurde eingestellt.

Mit seinem Experiment übt der Professor auch Kritik an der Wegwerfgesellschaft. Seinen vermoosten Opel Olympia Caravan versteht er daher als Kapitalismuskritik – und als Plädoyer für mehr Reparaturkultur und Nachhaltigkeit. »Mein Wagen ist ein Natur- und Technikdenkmal«, erklärt er.

⊙ Schönleinstraße, 10967 Berlin-Kreuzberg

Natürlich sicher
Der Kondomfabrikant Julius Fromm

Bereits Ende des 19. Jahrhunderts verkaufte die Korsettfirma von Auguste Claverie in Paris Kondome unter dem Namen »Le Parisien« (Der Pariser). Die ersten Markenkondome aber wurden von Julius Fromm in Prenzlauer Berg entwickelt – und waren damit Berliner. Fromm wohnte mit seinen acht jüngeren Geschwistern und seiner Mutter in einer Einzimmerwohnung im Scheunenviertel. Als sein Vater starb, war er 15 Jahre alt und musste fortan die Familie versorgen. Fromm verkaufte tagsüber Zigaretten und lernte in Abendkursen Chemie. 1912 verbesserte er die Produktion von Kondomen: Er tauchte Glaskolben, passend geformt, in flüssigen Naturkautschuk.

Der Gummifabrikant vertrieb die Kondome zunächst allein aus einem Hinterhof heraus. 1914 startete er in einem Laden an der Käthe-Niederkirchener-Straße 23 (früher Lippehner Straße) sein Ein-Mann-Unternehmen. Kondome gab es schon, aber Fromm hatte ein besonders dünnes, transparentes und nahtloses Gummikondom entwickelt, das trotzdem zuverlässig war. Präservative galten damals als anrüchig und wurden unter dem Ladentisch verkauft, jede öffentliche Werbung war verboten.

Doch Julius Fromm war mutig: Er gab den Unaussprechlichen seinen auch für die Qualität des Produkts bürgenden Familiennamen und formulierte Slogans wie: »Leiste Garantie – Umtausch jederzeit gestattet«. Unter dem Namen »Fromms Act« stellte er bereits 1919 täglich 150 000 Stück her. Spätestens Ende der 1920er Jahre fanden seine Kondome reißenden Absatz. Kabarettisten witzelten und sangen: »Fromms zieht der Edelmann beim Mädel an«. In seinen Fabriken beschäftigte der Fabrikant inzwischen rund 500 Arbeiter. Julius Fromm war erfolgreich, wohnte in einer Villa in Schlachtensee und fuhr als erster Berliner einen Cadillac.

Doch dann kamen die Nazis an die Macht. Fromm war Jude und musste sein Lebenswerk an die Patentante von Hermann Göring verkaufen. Auch seine Söhne hatten es nicht leicht. Nicht nur, dass sie immer gehänselt wurden: Ob dem Vater etwa das Kondom geplatzt sei? Ihnen selbst dürfte ebenfalls zum Platzen zumute gewesen sein, als sie später eine Summe von 174 000 D-Mark zahlen mussten, um von dem Geliebten und Erben der Göring-Patentante den Markennamen Fromms zurückzukaufen.

◉ Ehemaliger Firmenstandort: Friedrichshagener Straße 38,
  12555 Berlin-Köpenick

Vorgeführt
Hape Kerkeling als Königin Beatrix

Im April 1991 hatte Bundespräsident Richard von Weizsäcker die niederländische Königin ins Schloss Bellevue zum Mittagessen eingeladen. Als ein dicker, schwarzer Mercedes Pullmann mit niederländischem Stander die Auffahrt hinaufrollte, zückten die Fotografen ihre Kameras. Aus dem Inneren entstieg jedoch der Komiker Hape Kerkeling, als

Dame gestylt, mit blauem Samthut, und grüßte winkend. Er hatte alle Sicherheitssperren überwunden, schüttelte nun jede Hand und stöckelte ungelenk auf Pumps in Richtung Hauptportal. Dort stellte er sich der konsternierten Protokolldame mit niederländischem Akzent vor: »Hallo! Ich bin die Trixie!« und forderte »Lecker Mittachessen!« In einem Knäuel aus Journalisten, Fotografen und Sicherheitsleuten winkte er der »Bevolkering« zu. Das präsidiale Protokollpersonal vertröstete er, Prinzgemahl Claus sitze noch »in die Auto«.

Der langjährige Pressestellenmitarbeiter Wolfgang Teske dachte sich: »Da stimmt doch was nicht« und merkte dann: »Das ist doch der Kerkeling!« – »Ich bin die Beatrix«, rief der Komiker noch einige Male, bevor er von Teske mit dem Hinweis: »Das beenden wir jetzt aber bitte sofort. Raus jetzt!« zurück ins Auto geschoben wurde. Von den ernst blickenden Polizisten wurde Kerkeling höflich, aber bestimmt aufgefordert, das Areal sofort zu verlassen. Kurz darauf fuhr die echte Beatrix – ganz in Orange gewandet – vor, um vom Bundespräsidenten zum Bankett empfangen zu werden.

Die Vorfahrt am Schloss Bellevue ist einer der ersten und bekanntesten Auftritte von Hape Kerkeling. Seine Verkörperung der Königin Beatrix der Niederlande machte ihn zum Staatsgespräch. Den gefoppten Sicherheitsbeamten hingegen dürfte nicht zum Lachen zumute gewesen sein. Das Bundesinnenministerium verlangte vom Bundesgrenzschutz eine Aufklärung des Vorfalls. Wie war ein solcher Auftritt überhaupt möglich? Der Mauerfall lag gerade anderthalb Jahre zurück. Es hatte sich im Schloss Bellevue für Staatsbesuche noch keine rechte Routine entwickelt. In Interviews stellte Kerkeling später rückblickend fest, dass das Ganze durchaus

Das waren noch Zeiten – als Hape Kerkeling in den Kleidern der Königin am Schloss Bellevue auftrumpfte.

auch hätte schiefgehen können. Er habe nicht erwartet, bis vor das Schloss zu gelangen. An der Schranke hätte eigentlich Schluss sein sollen, aber die diplomatisch-dunkle Karosse mit ihren Fantasie-Fähnchen konnte ungehindert passieren. Was dann folgte, war improvisiert.

In dem anschließend gesendeten Fernsehsketch landete er irgendwann auf dem Bürgersteig vor dem Bellevue und musste zusehen, wie in der Ferne die wirkliche Königin Beatrix vom Bundespräsidenten begrüßt wurde. Kerkeling brüllte zwar noch über den Zaun, dass er »die echte Trixie« sei – doch vergebens. Statt »Lecker Mittachessen!« gab es für ihn ein »lecker Butterbrot«, gestiftet von einem mitleidigen Autofahrer, den »Trixie« lautstark von Autofenster zu Autofenster über diese »Unverschämtheit!« aufgeklärt hatte.

Nach 18 Jahren kehrte Kerkeling an den Schauplatz seines Streiches zurück. 2009 war er ganz offiziell zum Sommerfest geladen. Zwei Jahre später kam auch die niederländische Königin erneut zu Besuch. Und diesmal gab es im protokollarischen Ablauf keine Pannen.

⊙ Spreeweg 1, 10557 Berlin-Tiergarten

- -

Euter in Panade
Das Berliner Schnitzel

Die Berliner Küche ist deftig, schlicht und rustikal. Aber auch in ihr gibt es lukullische Überraschungen. Das Berliner Schnitzel etwa besteht aus zwar nicht gerade exotischem Fleisch, aber immerhin aus gekochtem Kuheuter. Zuerst wird es drei bis vier Stunden gewässert, danach ebenso lange in Gemüsebrühe weichgekocht. Bevor der Koch das abgekühlte Euter häutet, wird es in schnitzelgroße Scheiben geschnitten, paniert und gebraten – auch »Falsches Kotelett« genannt. Optisch getarnt bereitet man es weiter zu wie das verwandte Wiener Schnitzel. Meist wird dazu eine Senf- oder Meerrettichsauce kredenzt, übliche Beilagen sind Kartoffeln, auch Kartoffelbrei. Wer seine Neugier stillen (!) möchte, erfährt ein fast vollkommen aromafreies Fleisch, mit einem »vage adstringierenden, leicht milchigen Abgang«. Ein gebratenes Euter mundet durchaus, hat man sich an den Gedanken gewöhnt. Schließlich ekeln sich auch die wenigsten vor Milch, obwohl sie aus dem Inneren des verpönten Euters stammt.

Kuheuter galten in Deutschland bis in die Nachkriegszeit als billiger Ersatz für Schnitzelfleisch. Sie wurden nur in den unteren Kreisen gegessen. Ende des 19. Jahrhunderts gab es das Schnitzel in jeder Berliner Gaststätte. Noch bis in die 1960er Jahre standen Euter-Zubereitungen in allen Grundkochbüchern. Heute trifft der Restaurantbesucher nur noch selten auf das Berliner Schnitzel, zumal frische Kuheuter inzwischen in Deutschland eher schwer und nur auf Vorbestellung beim Metzger erhältlich sind. Wer sich in Berlin auf Schnitzeljagd begibt, könnte das Traditionsgericht vereinzelt noch in Gaststätten mit »Alt-Berliner Küche« finden.

Beim Wiener Schnitzel wird eine populäre Variante mit Schweine- statt Kalbfleisch zubereitet. Nach den Lebensmittelrichtlinien besteht ein Wiener Schnitzel aber immer aus Kalbfleisch. Für die Variante aus Schweinefleisch hat sich die Formulierung »Schnitzel Wiener Art« oder »Wiener Schnitzel vom Schwein« eingebürgert. Es wäre einen Versuch wert, dem Berliner Gast ein »Wiener Schnitzel von der Kuh« anzubieten.

⊙ Waisenstr. 14–16 (Restaurant Zur letzten Instanz),
　10179 Berlin-Mitte

Anfänge mit Schub
Der weltweit erste Raketenflugplatz

Als Gymnasiast las der spätere Ingenieur und Raketenkonstrukteur Rudolf Nebel (1894–1978) die Bücher von Jules Verne, etwa den 1865 erschienenen Roman »Von der Erde zum Mond«. 1925 kam er nach Berlin. Wenige Jahre später wollte die Menschheit tatsächlich abheben, sich in die Unendlichkeit wagen – ein Sprung in einen neuen Lebensraum. Viele bedeutende Raumfahrtenthusiasten und Raketenpioniere trafen sich in dem 1927 gegründeten »Verein für Raumschiffahrt«. Zunächst blieb man jedoch noch am Boden: Das Raketenauto Opel Rak 2 sauste 1928 mit 24 Raketen bestückt über die Avus und Nebel korrespondierte mit Professor Hermann Oberth, der für den Ufa-Regisseur Fritz Lang und seinen Film »Frau im Mond« eine Rakete konstruierte. Am 27. September 1930 ging dann auf dem ehemaligen Artillerie-Schießplatz am Tegeler Weg in Reinickendorf, den der Magistrat zur Verfügung gestellt hatte, der weltweit erste Raketenflugplatz in Betrieb. Zusammen mit Klaus Riedel, Hermann Oberth, Werner von Braun und Kurt Heinisch baute und erprobte Nebel dort Flüssigkeitsraketen. Neben fünf Gebäuden entstand ein Raketenprüfstand, es wurden Startgestelle für die Raketen montiert. Eine zeitgenössische Quelle beschreibt das Gelände wie folgt: »Etwa die Hälfte dieser vier Quadratkilometer war hügelig und mit einem Birken- und Ahornwäldchen bestanden, zumeist jungen Bäumen. Einige Stellen zwischen den Hügeln waren leicht sumpfig. Der Rest war mit hohem Gras bewachsen. Es gab einige Gebäude auf diesem Platz mit halbmeterdicken

Tollkühne Männer und ihre fliegenden Geschosse – auf einem ehemaligen Schießplatz in Reinickendorf.

Wänden, und sie waren als Explosionsschutz mit dachhohen Erdwällen umgeben.« Wegen mangelnder Finanzen mussten die Amateure auch kostenlose und frei zu beschaffende Materialien und Geräte verwenden, erhielten aber bereits Sach- und Geldspenden von der Industrie. Wernher von Braun schilderte später die ersten Wochen: »Wir begannen sofort mit unserer Arbeit. An einem der Blockhäuser brachten wir ein Schild an, auf dem hochtrabend zu lesen war: ›Raketenflugplatz Berlin‹.«

Auf dem Platz meldeten sich Arbeitslose als Helfer. Rudolf Nebel stellte sie ein, garantierte ihnen Unterkunft, Verpflegung und ausreichend Arbeit. Die Forscher bauten und erprobten vor allem Raketen der Typen Mirak (Minimumrakete) 1 bis 3 und Repulsor. Im Mai 1931 gelang ihnen der Start einer ersten Flüssigkeitsrakete und der Test von Flugkörpern bis hinauf in 1 000 Meter Höhe. Die Mirak war 20 Kilogramm schwer, besaß einen Durchmesser von zehn Zentimetern und eine Länge von 3,5 Metern. Willi Ley beschrieb die hinter einem quadratischen Erdwall liegenden Aufbauten: Man gelangte »zu einer kleinen Bodenmulde, die als Standort des Motorenprüfstandes ausgesucht wurde. (…) Rechts und links vom Startgestell wurden Tanks für Benzin und flüssigen Sauerstoff im Boden vergraben und neben jedem Tank Stickflaschen als Druckbehälter. Die Ventile dieser Druckflaschen wurden durch lange Hebel betätigt, welche mit Hebeln und Seilzügen verbunden waren und zur Tür im oberen Stockwerk des Gebäudes führten. Dort wurden große Seilzughebel aufgestellt (es waren Weichenstellhebel wie die Reichsbahn sie benützte), so daß der Prüfstand von dort oben wirklich bedient wurde.«

Laufend wurden Versuche durchgeführt, auf dem Gelände verfolgten immer mehr zahlende Zuschauer das Geschehen. Die Mirak wurde etwa 100 Mal gestartet, allerdings explodierten die meisten während des Fluges. Nach der Zündung des Flüssigkeitsantriebes sollte die Rakete bis in eine Höhe von 500 Metern steigen und dann nach dem Ausbrennen an einem Fallschirm zur Erde zurückkehren. Die Raketen flogen anfangs nicht höher als 100 Meter, später wurden Gipfelhöhen von bis zu 400 Metern erreicht. In Zeitungsberichten erhielten die Raketenforscher den Beinamen »Die Narren von Tegel«.

Im Sommer 1931 aber besuchte eine britische Journalistin die jungen Männer. Ihr Bericht erschien in führenden englischen und amerikanischen Zeitungen: »Als ich diesen Raketenflugplatz Berlin wieder verließ, da wußte ich, daß diese jungen Männer die Waffen vorbereiteten, mit denen sie uns in Amerika eines Tages über den Atlantik hinweg treffen würden.« Da die Forscher immer auf der Suche nach Geldgebern waren und teilweise sogar auf dem Gelände des Raketenflugplatzes lebten, kam es ab 1932 zu ersten Kontakten zur Reichswehr. Eine Vorführung fand im Juni vor leitenden Offizieren des Heereswaffenamtes im geheimen Versuchsgelände Kummersdorf statt. Die Wehrmacht entwickelte und erprobte auf dem Gelände neue Waffensysteme und Ausrüstung. Trotz einer missglückten Vorführung unter anderem vor Oberst Karl Becker gelang es Wernher von Braun, das Interesse der Militärs zu wecken. Das Heereswaffenamt versuchte immer mehr, die Raketenforschung unter ihre Kontrolle zu bringen. Ende September 1933 wurde der Raketenflugplatz in Tegel wegen einer nicht bezahlten Wasserrechnung aufgelöst. Ohne Angabe von Gründen wurde das Gelände im Juni 1934 geschlossen und alle Unterlagen, die Rudolf Nebel besaß, beschlagnahmt.

⊙ Tegeler Weg, 10179 Berlin-Mitte

· ·

Wühlberfall
Spektakulärer Bankraub in Zehlendorf

Im März 1994 gingen sechs Männer in eine angemietete Garage an der Matternhornstraße 48. Dort, in Zehlendorf, gruben sie einen etwa 70 Meter langen Tunnel, der Durchmesser war nur einen Meter breit. Seine Wände und Decken waren fachmännisch mit Holzbohlen abgestützt. Es wurden Strom, Lampen und Ventilatoren installiert. Über ein Jahr dauerten die Bauarbeiten. Der Stollen mündete in einen zufällig entdeckten Regenwasserkanal unterhalb der Straße. Dieser Kanal ersparte den Räubern etwa 100 Meter Wühlarbeit. Im August 1994 kam es zu einem Erdrutsch, einer Versackung. Passanten meldeten den Schaden dem Tiefbauamt. Von oben wurde er durch eine Baufirma behoben. Die Arbeiter waren an diesem Freitag schon halb im Wochenende, alkoholisiert, und entdeckten nichts Ungewöhnliches. Die Tunnelgangster hatten Glück, legten aber für ein halbes Jahr eine Pause ein.

Als sie ihre Arbeit wieder aufnahmen, gruben sie vom Kanal aus einen weiteren Tunnel. Dieser war 13 Meter lang und endete in der Commerzbank-Filiale Breisgauer Straße 8. Die Filiale befindet sich heute woanders, direkt am S-Bahnhof Schlachtensee. Zwei Männer buddelten, einer füllte den Sand in Säcke, einer zog die Säcke auf Skateboards durch das 60 Zentimeter schmale Regenrohr und den zweiten, nur wenig breiteren Tunnel. Mehr als ein Meter Tunnel war am Tag nicht zu schaffen. Die Säcke fuhren die Männer aus der Garage heraus mit dem Auto zu Baustellen.

Am 27. Juni 1995 fand schließlich einer der spektakulärsten Banküberfälle in Deutschland statt. Um 10.25 Uhr betraten vier schwer bewaffnete Täter die Bank, zwei andere arbeiteten sich durch den Kellerboden der Bankfiliale. Sie trugen Overalls, Wollmasken, Basecaps, Handschuhe und nahmen 16 Geiseln. Die Täter befahlen den Bankkunden und Angestellten sich hinzulegen und fesselten sie mit Handschellen. Die Jalousien wurden heruntergelassen, die Kassetten der Überwachungskameras entfernt, vor der Eingangstür Handgranaten ausgelegt. Die Bankräuber verlangten 17 Millionen D-Mark Lösegeld, einen Hubschrauber und einen Fluchtwagen. Damit wollten sie vortäuschen, sie würden den Tatort fahrend oder fliegend verlassen. Die Polizei umstellte die Bankfiliale.

Im Gebäudeinnern wurde der Filialleiter gezwungen, im Keller die Tresortür zu den Schließfächern zu öffnen. 207 der rund 400 Fächer wurden mit Stemmeisen aufgebrochen. Die Polizei schätzte den Wert des gestohlenen Inhalts später auf zehn Millionen D-Mark. Die genaue Summe blieb unklar, denn zu Schließfächern gibt es keine genauen Bestandslisten. Währenddessen teilten die Täter der Polizei mit, sie würden einer der Geiseln ins Bein schießen, sollte das geforderte Geld nicht eintreffen.

Die Polizei übergab den Räubern daraufhin 5,62 Millionen D-Mark in blauen Mülltüten und hoffte so, einige der Geiseln freizubekommen. Ein Ultimatum an die Täter endete um drei Uhr nachts. Um 3.45 Uhr stürmte die Polizei nach 18 Stunden schließlich das Gebäude und fand alle Geiseln unversehrt. Die Täter waren mit dem Geld durch den Tunnel entwischt.

Der Polizeipräsident Hagen Saberschinsky rief zur Pressekonferenz und kündigte an: Wer den Überfall nicht aufkläre, erhalte von ihm lange Ohren. Den Ermittlern wurden 60 Leute bereitgestellt. Fünf Wochen später hatten sie die sechs Tunnelgangster festgenommen: als ersten einen syrischen Autolackierer, der neben der Garage eine Werkstatt besaß. Der Vormieter (ein Bruder des Haupttäters) führte die Sonderkommission auf die Spur von drei Komplizen. Obwohl die Täter konsequent mit Handschuhen gearbeitet hatten, fand sich auf einem der Belüftungsschläuche ein Viertel Quadratzentimeter eines Fingerabdrucks. Später wurde noch ein Overall gefunden, den einer der Täter beim Überfall getragen hatte. Von der Beute stellte die Polizei immerhin 5,3 Millionen D-Mark sicher. Beschuldigt wurden fast ausschließlich gebürtige Syrer und Libanesen, Angehörige und Freunde zweier Großfamilien. Die Bande soll aus insgesamt elf Personen bestanden haben. Fünf weitere Helfer waren flüchtig, in Beirut oder Damaskus inhaftiert oder bekamen eigene Prozesse.

Die Täter wurden später zu Haftstrafen zwischen sechs und 13 Jahren verurteilt. Als die ersten Täter freikamen, gab es aber auch die D-Mark selbst nicht mehr. Ein Teil des Tunnels ist heute im Berliner Polizeimuseum ausgestellt.

⊙ Platz der Luftbrücke 6 (Polizeihistorische Sammlung),
   12101 Berlin-Tempelhof

· ·

Kunst auf schwerem Gerät
Panzerräder im Berliner Ensemble

»Fürchtet doch nicht so den Tod und mehr das unzulängliche Leben«, rät Bertolt Brecht in seinem 1932 entstandenen Stück »Die Mutter«. Gut zwei Jahrzehnte später setzte er das Zitat auf ungewöhnliche Weise um. Sein Berliner Ensemble zog 1954 ins Theater am Schiffbauerdamm. Dort benutzte der Dramatiker die vorhandene Drehbühne, eine kreisrunde, drehbare Fläche im Bühnenboden, die schnelle Szenenwechsel oder bestimmte Bewegungen auf der Bühne

Ein T-34, dessen Räder am Sowjetischen Ehrenmal nicht mehr rollen.
Die im Berliner Ensemble haben es da besser getroffen.

möglich machte. Sie war schon 1905, also lange vor Brechts Zeit, installiert worden. Ihr Einbau war die Idee des damaligen Direktors Max Reinhardt, der das 1892 gebaute Theater am Schiffbauerdamm hatte modernisieren lassen. Mit ihren Hubpodien und Versenkeinrichtungen stellte die Drehbühne eine Sensation dar. Für seine legendäre Inszenierung von Shakespeares »Sommernachtstraum« zog Reinhardt zum ersten Mal alle Register modernster Technik. Er wollte das Publikum in das Bühnengeschehen regelrecht hineinziehen. Es sollte in der perfekt durchorganisierten phantastischen Welt aufgehen. Der Zuschauer »schwang sich im Geist auf das Drehscheibenkarussell, um mitzutun in der Welt des theatralischen Spiels«. Inzwischen aber war das hölzerne Konstrukt zu klein und machte einen Lärm, der hinter den dünnen Vorhängen hörbar war. Außerdem wollte Brecht die Bühnenmaschinerie offenlegen, um das Publikum zu desillusionieren.

Nachdem Brecht das Theater übernommen hatte, ließ er die Drehbühne von neun auf zwölf Meter Durchmesser erweitern. Die im Krieg beschädigten Kugellager wurden repariert, die Bühne aber brauchte neue Räder. Helene Weigel, die Intendantin und Frau Bertolt Brechts, war bekannt dafür, die Sachen immer sofort anzupacken. Sie ging mit dem Technischen Direktor zur sowjetischen Kulturadministration in Karlshorst und schwatzte den Verantwortlichen die Laufrollen eines zerstörten T-34-Panzers ab. Die Kriegsmaschinen (»Fürchtet doch nicht so den Tod ...«) halfen ihr, das »unzulängliche Leben« zu meistern. Die Räder waren zur Verschleißminderung mit Hartgummi beschichtet. Weigel ließ die meisten von ihnen auf die Schienen der Drehbühne montieren, der Rest lag in der Unterbühne als Reserve. Die Russen sollten sogar etwas verstimmt gewesen sein, dass sie nicht selbst auf eine solche Idee gekommen waren, lebten sie doch in einem Land der Improvisation. Gleichzeitig aber hätten sie sich gewundert, dass die Deutschen so kurz nach dem Krieg wieder mit einem Panzer spielen wollten.

Die Drehbühne des Berliner Ensembles läuft auf den Rädern bis heute geschmeidig. Sie gilt als die leiseste der Welt. Die restlichen Räder mussten bislang nicht eingewechselt werden. Der T-34 (»T« steht für »tank«, also »Panzer«, die 34 für das Jahr, in dem die sowjetische Militärführung die Entwicklung des neuen Modells angeordnet hatte) fuhr auf seinem Laufwerk bis zu 55 km/h schnell und war wegen seiner Beweglichkeit und seiner starken Panzerung bei der deutschen Wehrmacht gefürchtet. Zwei Exemplare sind Bestandteil des Sowjetischen Ehrenmals, das an der Straße des 17. Juni steht.

◉ Bertolt-Brecht-Platz 1, 10117 Berlin-Mitte

· ·

Am Spieß
Der Erfinder des Döner Kebap

Gegenüber des Bahnhofs Zoo existierte lange Zeit eine McDonald's-Filiale. Ungefähr ein halbes Jahr lang verkaufte Kadir Nurman in einer Ecke des Fast-Food-Restaurants Süßigkeiten, bis er 1973 auf seinen 17 Quadratmetern Ladenfläche erstmals einen Döner (»Drehspieß«) Kebap (»kleine, gebratene Fleischstücke«) anbot.

Der gelernte Kaufmann Nurman war Anfang der 1960er Jahre aus der Türkei nach Deutschland gekommen und arbeitete zunächst bei der Firma Daimler in Stuttgart. 1966 zog er nach Berlin und war als Monteur für Druckmaschinen tätig. Doch er suchte nach einer Idee für ein eigenes Geschäft. »Damals war der Berliner Alltag schon sehr hektisch, viele Leute hatten nur Zeit für einen schnellen Snack in der Mittagspause«, sagte er. »Ich kannte Döner-Spieße aus der Türkei und habe gemerkt, so etwas gibt es hier nicht.«

In der Türkei liegt das Grillfleisch auf dem Teller, garniert mit Reis oder Salat. Früher wurde dieses Gericht einmal wöchentlich nur im Palast oder bei Reichen serviert. Fleisch an einem Drehspieß soll es in Kleinasien schon im 18. Jahrhundert gegeben haben. Nurman brachte es in den Berliner Alltag. »Wir machten einen ähnlichen Mix-Spieß aus Kalb- und Rindfleisch, packten das in ein Brötchen, dazu Zwiebeln, etwas Kopfsalat und eine Scheibe Tomate«, erklärte er. »Das Gericht kostete 1,50 D-Mark und wurde sehr schnell beliebt – bei Bauarbeitern genauso wie bei Geschäftsleuten. Die Türken und Araber kannten das Gericht natürlich und griffen zu. Später haben es die Deutschen auch gegessen.« Der Döner wurde zum Erfolg, entwickelte sich weiter mit Fladenbrot und Knoblauch-Sauce. In Deutschland gilt er als die türkische Speise schlechthin. Allerdings versäumte es Nurman, sich den rotierenden Döner-Spieß, auf dem das Fleisch gegrillt wird, patentieren zu lassen. Daher wurde seine Erfindung in ganz Deutschland kopiert. Türken, die bei ihm gearbeitet und gelernt hatten, eröffneten später ihre eigenen Dönerläden. Mittlerweile gibt es allein in Berlin 1300 von ihnen. Bundesweit werden täglich 400 Tonnen Kebap-Fleisch gegessen, die Branche setzt jährlich 2,5 Milliarden Euro um.

Aber auch andere Wirte beanspruchen für sich, den Döner erfunden zu haben. Der Schwabe Nevzat Salim will bereits 1969 in Reutlingen den ersten Döner verkauft haben. Und der Berliner Gastronom Mehmet Aygün, dessen Familie in der Adalbertstraße (Kreuzberg) das bekannte Hasir-Restaurant betreibt, sagt, er habe schon 1971 Döner unter das Volk gebracht. Trotzdem zeichnete der Verein türkischer Döner-Hersteller Nurman für sein Lebenswerk aus. Damals sagte er, dass ihm der heutige Döner nicht schmeckt. »Meiner Meinung nach sind zu viele Zutaten in den Dönern«, sagte er. »Wenn das Fleisch gut ist, braucht man keine Tomaten oder Gewürze.« In Nurmans Döner kamen nur Hackfleisch und etwas Zwiebeln.

Die Popularität des Fast-Food-Gerichts versöhnte Nurman damit, dass es ihm finanziell so wenig eingebracht hatte. Seine Dönerbude am Zoo wurde 1989 geschlossen. Der Döner-Erfinder, der noch Läden in Lichtenrade und Spandau betrieb, ging 1996 in den Ruhestand und lebte zuletzt von 395 Euro Rente. 2013 verstarb er im Alter von 80 Jahren.

⊙ Hardenbergplatz 2 (heute: Risa Chicken),
   10623 Berlin-Charlottenburg

· ·

Tsunamis im Tiergarten
Der Umlauftank

Am Tiergartenufer in Höhe des Charlottenburger Tores knickt eine riesige Röhre aus einem kastenförmigen, blauen Gebäude ab. Auf der anderen Seite des Landwehrkanals dümpeln Hausboote. Die Röhre steht auf der »Schleuseninsel« und steckt im größten Umlauftank der Welt. Das mehrstöckige Gebäude der Versuchsanstalt für Wasserbau und Schiffbau steht unter Denkmalschutz. Es gehört zur Technischen Universität und ist die älteste deutsche Zweckforschungsstätte. Gut sichtbar ist die Röhre für S-Bahnfahrer auf der Strecke zwischen den Bahnhöfen Zoologischer Garten und Tiergarten.

Der Standort geht auf Kaiser Wilhelm II. zurück. Ursprünglich war die Versuchsanstalt weiter südlich auf einem Reitplatz geplant. Um sein geliebtes Hippodrom zu schützen, verschob der Kaiser sie mit einer selbst gezeichneten Skizze auf die Insel. Der Komplex entstand zwischen 1901 und 1903. Im Jahr 1921 kam eine Halle für Werkstätten, Büros sowie Lagerräume hinzu und 1927 bis 1929 wurde die Insel verlängert. Der Wasserumlauftank wurde nach dem Krieg 1967 bis 1974 gebaut. Ihn durchströmen 3300 Tonnen Wasser, die in dem Knickrohr hinunterfallen und auf der anderen Seite wieder heraufgepumpt werden. Das entspricht einer Füllmenge von immerhin 23 500 Badewannen. Um Strömungen zu simulieren, kann das Wasser mit bis zu zehn Metern pro Sekunde durch die Röhre gepresst werden. In dem 35 Meter hohen Gebäude steckt die retro-futuristische Kommandozentrale des Tanks, mit einem bunten Schaltpult und Stahlstangen im Raum. Durch die Taille des Tanks schiebt sich die Röhre – die weltweit größte: Der Tank ist 55 Meter und das Ringrohr 120 Meter lang mit einem Durchmesser von acht Metern.

Wird ein Schiff gebaut, muss sein Schwimmverhalten im Wasser getestet werden. Wie groß muss die Schiffsschraube sein, um den Rumpf optimal anzutreiben? Wie lässt es sich bei unterschiedlich starkem Seegang manövrieren? Das geschieht in der Röhre: Im dritten Stock schaut man von oben auf riesige, dunkelgrüne Klappen mit schweren Verschlüssen. Sind diese geöffnet, lässt ein Brückenkran das zu testende Schiffsmodell zu Wasser. In der Röhre fließt mit hoher Geschwindigkeit ein künstlicher Fluss, der von zwei großen Schiffsmotoren mit ihrer Schraube angetrieben wird. Dadurch bewegt sich nur das Wasser, nicht das Schiff.

Darunter befinden sich in flachen, langgestreckten Ziegelbauten die beiden acht Meter breiten »Schlepprinnen«, die bis weit unter die S-Bahnstrecke reichen. Die eine ist 120 Meter, die andere 250 Meter lang. In ihnen lassen sich auch

*Ein Gebäude, dem man die Bewegung in seinem Inneren nicht ansieht:
der Umlauftank.*

Tsunamis simulieren: mit vielen kleinen Wellen, die zusammen die Stärke einer einzigen Monsterwelle erzeugen. Hier werden Lastkähne, Fangboote und Passagierschiffe getestet, indem Modelle der Schiffe mit einer Länge von bis zu zehn Metern von einem »Highspeed-Schleppwagen« durch die Rinnen gezogen werden: Die dabei gesammelten Werte lassen sich auf das Strömungsverhalten des echten Schiffes hochrechnen.

Von dem Architekten des Umlauftanks, Ludwig Leo (1924–2012) stammt auch die 1973 fertiggestellte Bundeslehr- und Forschungsstätte der DLRG an der Havel. Er wurde 1976 Professor an der Hochschule der Künste.

⊙ Müller-Breslau-Straße 12, 10623 Berlin-Tiergarten

Babylonisches Pils
Die kleinste Brauerei mit dem ältesten Bier

Gleich zwei Superlative erwarten Bierliebhaber in Köpenick:
Hier produziert die kleinste Brauerei Deutschlands eines der
ältesten Biere der Welt. 2004 spazierte Astrid Rubbert an
einem leerstehenden Glaspavillon vorbei und kam auf die
Idee, dort eine Brauerei zu eröffnen. Ihr Mann lieferte als
Anlageningenieur auch Bieranlagen aus. Rubbert meinte,
eine solche Anlage könnten sie auch selbst bauen. Die Familie reagierte zunächst skeptisch, am Ende konnte sie sich aber
durchsetzen: Auf nicht einmal 50 Quadratmetern eröffnete
sie noch im selben Jahr mit zwei Braukesseln und kaum 40
Sitzplätzen die Schlossplatzbrauerei Köpenick.

Der Ehemann Joachim Rubbert brachte sich das Brauen
selbst bei und studierte die gut 6 000-jährige Geschichte
des Bieres. Die Schlossplatzbrauerei war bereits eröffnet und
lief mit zwei Biersorten eher schleppend an – da sah Rubbert zufällig ein Plakat für das Vorderasiatische Museum. Das
Museum beherbergt unter anderem Tausende Steintafeln
aus Babylon, der sagenumwobenen Metropole des Reichs
Mesopotamien. Die Neugier des Bierliebhabers war sofort
geweckt. Schließlich wusste er, dass die Babylonier Bier nach
einem der ältesten, schriftlich festgehaltenen Rezepte von
1760 v. Chr. gebraut hatten. Er entschied sich, das »Babylonische Bier« herzustellen. »Da dachte ich mir, kannst ja mal
hin und fragen, ob die was haben«, sagt er. Und tatsächlich:
Das Museum hatte etwas für ihn.

Der stellvertretende Direktor des Museums fand und
übersetzte für Rubbert die Keilschrift auf den Tafeln mit

dem in Babylon geltenden Reinheitsgebot. Erlassen wurde es unter König Hammurabi. Die Bierzutaten wurden tatsächlich auf den dort ausgestellten Biertafeln festgehalten. Rubbert berichtete dem Museumsleiter von seiner Idee, dieses Bier nachzubrauen. Leider enthielt das Rezept aber nur die Zutaten und keine Mengenangaben. Nach drei Jahren des Experimentierens war es schließlich fertig, das original »Babylonische Bier« aus Köpenick.

In Babylon sei Bier ein Zahlungsmittel gewesen, sagt Rubbert. Deswegen sei es beim Reinheitsgebot nicht in erster Linie um den Geschmack gegangen. »Es ging darum, dass nicht beschissen wird«, so der studierte Anlagenbauer. Bierpanschern habe im schlimmsten Fall die Todesstrafe gedroht. Neben den 15 anderen Biersorten auf der Karte der Schlossplatzbrauerei hat das »Babylonische« sich mittlerweile zum Verkaufsschlager entwickelt. Das liegt vielleicht an seinem kräftigen und aromatischen Geschmack. Oder einfach daran, dass man es nirgendwo anders trinken kann. Welche Zutaten in dem Bier enthalten sind, könnte man im Vorderasiatischen Museum nachlesen (wenn man es denn versteht). Aber die richtige Mischung bleibt natürlich das Geheimnis der Rubberts.

⊙ Grünstr. 4, 12555 Berlin-Köpenick

Mehr als ein Groschen
Die Berliner Notfallwährung

Die Bundesbank druckte in den 1960er Jahren eine geheime Ersatzwährung: DM-Banknoten, die nie in Umlauf kamen, Geldscheine für den Ernstfall. Rund 30 Milliarden D-Mark lagerten für Westdeutschland über Jahrzehnte versteckt in einem Bunker. Für West-Berlin wurde damals eine extra Ersatzwährung gedruckt – im Gegenwert von weiteren fast vier Milliarden D-Mark, eingelagert in der Landeszentralbank von West-Berlin in der Leibnizstraße. Den Geldbestand prüfte die Bundesbank stichprobenartig einmal im Quartal. Die Ersatzwährung wurde rund 25 Jahre lang für den Krisenfall versteckt gehalten.

Im Jahr 1963 kursierten in Deutschland über 25 Milliarden D-Mark in Scheinen. Die Bundesbank nannte diese Banknotenserie, die von 1961 bis in die 1990er Jahre das Geld der Deutschen war, intern »BBk I«. Was kaum jemand wusste: Im Haupttresor der Bundesbank in Frankfurt am Main und in einer geheimen Bunkeranlage in Cochem an der Mosel lagerte seit den 1960er Jahren noch einmal fast dieselbe Menge an Banknoten, rund 25,3 Milliarden D-Mark. Eine geheime Notfallwährung, von der kaum jemand wußte und mit der niemals jemand bezahlen würde. Sie wurde »BBk II« genannt, die für Berlin hieß: »BBk IIa«. Auf den ersten Blick ähnelten sich die Scheine: Sie hatten die gleiche Größe und Farbe, selbst die historischen Porträts waren dieselben. Doch die Rückseiten zeigten nur geschwungene, abstrakte Formen.

Doch wofür brauchte Deutschland eine geheime Zweitwährung? Zu Beginn der zweiten Hälfte des 20. Jahrhunderts

Modernes Design, das niemand zu Gesicht bekommen durfte: Rückseite eines 100-DM-Scheins aus der Berliner Notfallwährung.

entschlossen sich viele Zentralbanken oder ihre Regierungen zu Reserve- oder Ersatzserien, ohne eine direkte Ausgabe zu planen: »Für alle Fälle.« Deutschland hätte zum Beispiel mit Falschgeld durch die Ostblockstaaten überschwemmt werden können. Kein so unwahrscheinliches Szenario: Während des Zweiten Weltkriegs hatten die Nazis versucht, mit falschen Pfundnoten die Volkswirtschaft Großbritanniens ins Chaos zu stürzen. Mithilfe einer geheim gehaltenen Notwährung wäre es in einem solchen Fall möglich gewesen, die Kaufkraft aufrechtzuerhalten. Warum aber eine eigene Notfallwährung für Berlin gedruckt wurde, ist ein Mysterium. Bei der Bundesbank liegen dazu weder Akten noch sonstige Beschlüsse oder Unterlagen vor.

Der Wirtschaftshistoriker Carl-Ludwig Holtfrerich erklärt die Berlin-Serie so: »Im Falle eines Atomkriegs wäre Berlin der sicherste Ort gewesen, denn keine Seite hätte eine

Atombombe auf die Stadt geworfen.« Die Versorgungslage dort wäre viel besser als im verwüsteten Westdeutschland gewesen. Berlin sollte mit eigener Währung nicht von dem notleidenden Westdeutschland leer gekauft werden.

Die »BBk IIa«-Serie entwarf Rudolf Gerhardt, ein Grafiker der Bundesdruckerei, in der sie auch gedruckt wurde. Als Ausgabeort wurde auch auf diesen Banknoten Frankfurt am Main genannt und nicht Berlin. Die Ersatzwährung war aber in Westberlin eingelagert, etwa für den Fall einer neuen Blockade.

Gebraucht wurde die geheime Scheinreserve zum Glück nie. Erst 1988 verließen die Banknoten die Tresore. Tonnenweise wurden sie auf Laster geladen und geschreddert. Denn zwei Jahre später begann man, eine neue Banknotenserie in Umlauf zu bringen. Diese war schlicht so fälschungssicher, dass man keine Ersatzwährung mehr brauchte. Außerdem war Bargeld durch den elektronischen Zahlungsverkehr nicht mehr so dringend notwendig wie noch zuvor. Bei den beauftragten privaten Entsorgungsfirmen wurden einige der Banknoten entwendet und befinden sich heute in Sammlerbesitz. Taucht eine dieser seltenen D-Mark-Banknoten auf einer Versteigerung auf, wird sie sofort von der Bundesbank eingezogen. Gerade deshalb entwickelten sie sich unter Sammlern zum Mythos. So sind die Scheine der »BBk II«- und »BBk IIa-Serie« am Ende doch noch etwas wert, sogar weit mehr, als ihr Aufdruck es einst vorsah.

⊙ Leibnizstraße 10, 10625 Berlin-Charlottenburg

Fremde Betten
Merkels Wohnungen

Sich einmal auf das Bett der Königin legen, das will in Museen so mancher. Oft verhindert das nur die rote Absperrkordel. Doch die Zeit der Monarchie ist in Deutschland vorbei, und der derzeit tonangebenden Regentin, der ersten Bundeskanzlerin, lässt sich in ihren (ehemaligen) Gemächern nahekommen. Bis zu 100 Euro kostet bei Airbnb die Nacht in Angela Merkels früherer Wohnung in Prenzlauer Berg. Woran hat sie wohl kurz vor dem Einschlafen in ihrem Schlafzimmer gedacht? Zwei Zimmer umfasst die 55 Quadratmeter große Bleibe in der Schönhauser Allee 104. »Leben wie Angela Merkel früher«, so preist die Gastgeberin das Quartier im Internet an. Die Wohnung liegt ruhig im zweiten Hinterhof, nach vorn und hinten geht der Blick auf grüne Bäume. 35 Jahre alt war Angela Merkel, als sie in der Schönhauser Allee wohnte und im November 1989 die Mauer fiel. Damals arbeitete sie noch im Zentralinstitut für physikalische Chemie in Adlershof. In der Nacht des Mauerfalls war sie in der Sauna. Die Spuren der Kanzlerin sind aber in der Wohnung wegsaniert, ein Opfer der Gentrifizierung.

Angela erlebte auch »wilde« Zeiten: Eine ihrer ersten Berliner Adressen hatte die Kanzlerin in der Marienstraße bezogen, oder besser: besetzt. Sie umging damit Anfang der 1980er Jahre das staatliche Wohnraumvergabemonopol. Zu Räumungen kam es eigentlich nie, da nach DDR-Recht niemand auf die Straße gesetzt werden durfte. Meist handelte es sich um Wohnungen in Altbaugebieten, die dem Verfall preisgegeben waren und leer standen. Heute ist das Haus

Nr. 24 renoviert und beherbergt vor allem Anwaltskanzleien und Büros.

Zu DDR-Zeiten war die Marienstraße heruntergekommen, die Häuser marode. Niemand wollte hier wohnen, heute sind es nur fünf Minuten zum Regierungsviertel. Ein Glücksfall für Angela Merkel. Denn als sie Ende der 1970er Jahre nach dem Studium in Leipzig nach Berlin kam, habe die staatliche Wohnungsverwaltung ihr keine Unterkunft zugewiesen. Ein Umzug in die DDR-Hauptstadt war aber nicht so einfach. Ohne Arbeit keine Wohnung und ohne Wohnung keine Arbeit, teilten die Behörden mit. Daher sei Angela Merkel mit ihrem ersten Mann Ulrich kurzum in das Vorderhaus der Marienstraße gezogen. »Das war aber nun wirklich nichts Politisches«, betont sie. Als eine praktische Aktion der Selbsthilfe wurde die Wohnungsbesetzung (»Schwarzwohnen«) daher auch von den Behörden behandelt. Es habe einen »unglaublichen Mangel an Wohnraum« gegeben, ein großes Durcheinander in der Wohnungsverwaltung. Verlassene Wohnungen habe es damals viele gegeben. Selbst als Hausbesetzerin überwies Merkel jeden Monat pünktlich ihre Miete. Erst später schaffte sie mit einem offiziellen Eintrag ins Melderegister schließlich den Schritt in die »Legalität«.

Heute wohnen Angela Merkel und ihr Ehemann Joachim Sauer am Kupfergraben 6. Das Paar lebt am Spreeufer in einem gelb gestrichenen Mietshaus gegenüber vom Pergamonmuseum. In dem Doppelhaus sind zahlreiche Büros untergebracht: Die Deutsch-Britische Gesellschaft, Architekten, Rechtsanwälte und der SPD-Bundestagsabgeordnete Ottmar Schreiner sind vertreten. Unten wird in einem Geschäft Kunstgewerbe verkauft. Auf dem Klingelschild finden sich neben »Prof. Sauer« einige merkwürdig klingende

Namen. Es handelt sich um reine Fantasiegeschöpfe. Von oben nach unten gelesen heißen die angeblichen Mieter: Ganz. Schön. Lustig. Oder. Ganz schön lustig, oder? Beamte des Bundeskriminalamtes haben sich eingemietet – Beamte, die Klingelscherze lustig finden. Angela Merkel wohnt ganz oben in einem schwer zu schützenden Objekt. Die Kanzlerin bemerkte einmal, dass sie nach einer kurzen Nacht und noch müde vom Geklapper der Müllmänner im Hinterhof geweckt wurde: »Jeden Morgen zwischen halb sieben und sieben wird eine andere Mülltonne geleert.«

⊙ Schönhauser Allee 104, 10439 Berlin-Prenzlauer Berg / Marienstraße 24, 10117 Berlin-Mitte / Kupfergraben 6, 10117 Berlin-Mitte

Ein schlauer Gaul
Das rechnende Pferd

Eine Redensart besagt: »Überlass das Denken den Pferden«. 1902 soll es einen Hengst gegeben haben, der rechnen, buchstabieren und lesen, ja sogar Farben, Melodien und Akkorde unterscheiden konnte. Das Tier reagierte und machte sich durch Klopfzeichen mit einem Huf oder durch Kopfnicken bzw. -schütteln verständlich. Zumindest behauptete das Wilhelm von Osten, der Sohn eines ostpreußischen Rittergutsbesitzers, von seinem fünfjährigen Orlow-Traber. Erste Versuche mit einem Bären waren weniger ermutigend verlaufen. Er hatte das Rechnen einfach nicht lernen wollen. Mit der angeblichen Begabung seines Pferdes, des »klugen

Hans«, aber erregte der Schulmeister und Mathematiklehrer vor dem Ersten Weltkrieg weltweit Aufsehen. Es erschienen sogar Postkarten mit dem merkwürdigen Gespann.

Mehrere Stunden lang wurde »der kluge Hans« vormittags und nachmittags unterrichtet. Zum Bewegen blieb ihm nur der enge, gepflasterte Hof in der Griebenowstraße 10 in Berlin-Mitte. Von Osten stellte bis zu neun Kegel vor dem Hengst auf und sprach dann laut die jeweilige Zahl. Später ersetzte er sie durch eine Tafel mit einer Zahl. Eine wissenschaftliche Kommission sollte ihm seine sensationellen Ergebnisse bestätigen. Eine Eingabe an den Kaiser wurde aber hinhaltend beantwortet. Immerhin kamen nun viele Schaulustige, die beobachteten, wie der Fotograf und Tierschützer Carl Georg Schillings das offenbare Rechengenie vorführte. Im August 1904 besuchte eine Abordnung des Kultusministers Conrad von Studt das Pferd. Er stellte ihm Fragen und zeigte *höchste Bewunderung* für dessen Fähigkeiten, hieß es in einem Zeitungsartikel. Einen Monat später trat eine 13-köpfige wissenschaftliche Kommission unter der Leitung von Carl Stumpf, einem Philosophie-Professor und Mitglied der Preußischen Akademie der Wissenschaften, zusammen, um das Phänomen endlich zu erklären. Die Kommission vermutete zunächst einen Trick oder einen Betrug des Mathematiklehrers. Aber auch Fremden verriet das Pferd fast immer das richtige Ergebnis. Die Experten konnten die außergewöhnlichen kognitiven Leistungen des »klugen Hans« nicht erklären. Sie attestierten dem Pferd in einem viel beachteten Gutachten, dass es tatsächlich rechnen könne. Konnte es aber nicht.

Das Rätsel löste schließlich ein Student des Philosophie-Professors, Oskar Pfungst: Dem Pferd gelang sein Kunst-

Legendäres Einspluseins: Wilhelm von Osten mit seinem rechnenden Pferd.

stück, weil es feinste Nuancen in Gesichtsausdruck und Körpersprache seines menschlichen Gegenübers deuten konnte. Der Pferdeflüsterer von Osten mit seinem Zauselbart unter der breiten Hutkrempe beeinflusste einfach sein Wunderpferd. Unwillkürlich spannte sich vor dem entscheidenden »korrekten« Hufklopfen des Pferdes seine Haltung. Nach der »richtigen Antwort« zeigte er sich mit seiner Körpersprache unbeabsichtigt erleichtert. In fast allen Fällen nahm »der kluge Hans« diese Zeichen wahr. Sobald von Osten aber aus dem Blickfeld des Pferdes verschwand oder das Tier Fragen erhielt, deren Antwort sein Besitzer nicht kannte, scheiterte »der kluge Hans«. Pferdekenner wissen, dass das Gesichtsfeld der Tiere weit nach hinten reicht und sie sehr sensibel auch auf kleine Zeichen oder Gesten reagieren. Diese Tatsache war damals auch jedem Droschkenkutscher bekannt, doch die Wissenschaftler ließen sich täuschen. Denn von Osten befand sich immer hinter dem Pferd.

Nachdem der Pferdehalter 1909 gestorben war (er liegt auf dem Zionskirchhof beerdigt), ging »der kluge Hans« in den Besitz des reichen Kaufmanns und Juweliers Karl Krall über. Dieser machte mit ihm weitere Experimente und trainierte auch andere Tiere. Krall richtete im Stall des Geheimen Kommerzienrates von der Heydt in Elberfeld (heute: Wuppertal) ein psychologisches Laboratorium ein. Er arbeitete dort mit elf Pferden, zwei Eseln, einem Pony und einem Elefanten. Nach Abschluss der Experimente ereilte Hans und die anderen Pferde ein weniger leichtes Schicksal: Sie wurden zum Einsatz im Ersten Weltkrieg herangezogen.

In der Psychologie aber lebt das kluge Tier weiter. Als »Kluger-Hans-Effekt« bezeichnet man noch heute die unbewusste Beeinflussung des Verhaltens von Versuchstieren. Bei Tierexperimenten müssen die Versuchsleiter daher ausschließen, dass die eigene Erwartungshaltung das Experiment in die erhoffte Richtung lenkt. Auch in die Sozialforschung ist der »Kluger-Hans-Effekt« als Reaktivität eingegangen.

⊙ Griebenowstraße 10, 10435 Berlin-Mitte

Weit gereist
Die Darwinsche Staubprobe

Der Staub fliegt durch die Luft, er ärgert Hausfrauen und -männer, ist Lebensspender und verursacht Krankheiten. Der Staub hilft der Polizei bei der Verbrecherjagd und er beschäftigt auch verstärkt die Verkehrspolitiker. Bei dem Naturforscher Charles Robert Darwin geriet das Staubwischen zur Wissenschaft. Vor 185 Jahren schickte er Röhrchen und Briefchen mit feinem Sand an das Naturkundemuseum Berlin. Ein mit einem Korken verschlossenes Reagenzglas trägt zum Beispiel die Sammlungsnummer 2895. Auf einem verblichenen Etikett stehen in schwarzer Tinte zwei berühmte Namen geschrieben: »Darwin« und »HMS Beagle«. Vor der Kapverdischen Insel Santiago kratzte der Begründer der Evolutionslehre 1832 ein wenig Dreck vom Segel seines Forschungsschiffes. Es handelte sich um braun gefärbten feinen Staub aus der Luft westlich von Afrika, »der durch die Gaze der Windfahne an der Mastspitze vom Winde filtriert zu sein schien«. Darwin schickte den Staub mit weiteren Proben an seinen Forscherkollegen Christian Gottfried Ehrenberg in Berlin, der im 19. Jahrhundert als weltweit führender Staubexperte galt. Und dort liegt der Staub immer noch.

Ehrenberg entdeckte in dem Häufchen Sand zwar keine neue Art, doch ihn verzückte dessen Zusammensetzung. 1845 schrieb er an Darwin: »So muß nun die Quelle des Staubes eine Küsten-Gegend seyn. Am nächsten liegt freylich die afrikanische Küste, aber es sind keine afrikanischen Formen darunter, obschon viele davon Weltbürger sind. Dagegen sind nun 6 Südamerikanische dabei. (...) Lebende Dinge habe ich nicht dabey gefunden, solche nemlich die schnell eingetrocknet noch Organe zeigten.« Der Staub stammte aus dem Westen der Sahara und wurde über den Atlantik bis auf das Schiff geweht. Inzwischen ist bekannt, dass der Wind damit zur Versorgung des Wassers mit Nährstoffen beiträgt.

An der Staubprobe konnte Ehrenberg die Zusammensetzung der Biosphäre ablesen: Mineralien, winzige Überbleibsel von Kieselalgen, Pollen, Blütenstaub, organische Überreste, die am Ufer oder Boden von ausgetrockneten Seen aufgewirbelt worden waren, 61 unterschiedliche Arten. Die Pilzsporen und ähnliches verrieten ihm, woher die Mineralien und Organismenreste stammten und wie die Winde strömten. Die Kenntnis der Windströme und des Staubverhaltens ermöglicht es Wissenschaftlern heute, genaue Angaben über frühere Windverhältnisse zu machen. Der Dunst über den Inseln war gefüllt mit Saharasand, aber auch gemischt mit Luft aus Südamerika. Forscher lernen mithilfe der globalen Windströmungen mehr über die aktuelle Zusammensetzung der Atmosphäre, aber auch einstigen Biosphäre. Mit Satelliten werden heute die großen Staubstürme aus den Wüsten der Erde verfolgt und wissenschaftlich analysiert. Kontrolliert wird auch, welcher Vulkan wie viel Asche in die Atmosphäre schleudert und wo sie herabrieselt wie die Abgase großer Industrieanlagen. Der Klimawandel wird durch den Blick auf die Staubschichten und Sedimente vom Meeresboden konkreter.

Die Geomikrobiologin Anna Gorbushina hat aber noch ganz andere Experimente mit der Probe von den Kapverdischen Inseln unternommen. Ihr Befund: Der normale Staub im Museum für Naturkunde hat sich über die Jahre nicht in die kostbare Ehrenbergsammlung hineingemischt.

Und sie bewies, dass Ehrenberg bei seiner Probenanalyse irrte. In ihrem Labor keimte eine winzige Probe vorzüglich aus: die Geomikrobiologin erweckte Pilzsporen zum Leben. Diese vermehrten sich, sobald sie im Labor ein angenehmes Umfeld vorfanden. Die Bakterien wuchsen und bildeten Kolonien. Darwins weit gereister Saharastaub birgt also Leben, selbst in den ältesten Proben der Sammlung, datiert auf 1812, gesammelt auf der Karibikinsel Barbados. Gorbushina wies mit einer Genanalyse insgesamt 17 verschiedene Bakterienarten nach. Sogar zwei Pilzarten fanden sich in den Proben. Von denen hatte Ehrenberg 1851 geschrieben, dass die Wissenschaft sie noch in 100 Jahren so interessant finden werde, um darin nach Leben zu suchen. Er hat Recht behalten.

⊙ Invalidenstraße 43 (Museum für Naturkunde),
  10115 Berlin-Mitte

· ·

Ficken ist Frieden
Helga Goetze

Bekannt war Helga »Sophia« Goetze für ihre »Mahnwache« vor der Gedächtniskirche am Breitscheidplatz. Dort stand sie seit 1982 täglich eine Stunde, über 20 Jahre lang, und verkündete mit einem Pappschild: »Ficken macht friedlich! – Ficken ist Frieden!«. Die ältere Dame im Pensionsalter, auf dem Kopf ein besticktes Käppi und in einer bunten Weste gewandet, provozierte. Die Menschen schauten ungläubig, einige lachten, andere wendeten sich ab. Manchmal blieb ein Kind stehen und hörte der Frau mit dem grauen Kurzhaarschnitt zu. Bis die Mutter das Mädchen fortzog und den Kopf schüttelte: »Schweinkram!« Mit jedem, der wollte und Zeit hatte, sprach Goetze über Sex, Körper, weibliche Wollust, »übers Ficken«, das Befreien. Verständnislos reagierende Frauen waren für sie »Tussis«. Sie seien prüde, steckten im Ehekorsett, verwechselten Liebe mit Besitzansprüchen und lebten für die Bedürfnisse der Männer.

Helga Goetze wurde 1922 in Magdeburg geboren. Sie wuchs als Tochter eines Marineoffiziers in gutbürglichen Verhältnissen auf. Mit 20 heiratete sie einen zwölf Jahre älteren Bank-Prokuristen und bekam sieben Kinder, aber nie einen Orgasmus. Sie war Mutter und Ehefrau, brav und ruhig. In Hamburg schloss sie sich den Deutschen Unitariern an, einer konfessionslosen Religionsgemeinschaft, und war Mitglied im Verein für Kriegsdienstverweigerer. Goetze zeigte sich damals an Reformpädagogik und Anthroposophie interessiert. Ihr Leben änderte sich radikal, nachdem das letzte Kind das Haus verlassen hatte. Es war die Zeit der 68er-Bewegung und in Helga Goetze hatte sich viel Frust angestaut: In 25 Ehejahren habe sie den eigenen Mann nicht einmal nackt gesehen. Während des Urlaubs zur Silberhochzeit verliebte sie sich in den Sizilianer Giovanni. Der Ehemann erlaubte ihr, mit ihm eine Nacht zu verbringen und sie erlebte ihren ersten Orgasmus – ein Erweckungserlebnis. Ab 1970 schrieb Helga Goetze eindeutige Kontaktanzeigen, um Männer kennenzulernen. Sie begann, ihre Erlebnisse mit Malen, Dichten und Tagebuchschreiben zu verarbeiten. Gemalte Porträts von ihrem Befreier Giovanni und auch von ihrem Ehemann, der sie gehen ließ, hingen in ihrer Woh-

Typisch Berlin: Schräger Protest für mehr Frieden und Sex – und keinen interessiert's.

nung. Goetze begann ihr neues Leben ohne Familie, in schonungsloser Offenheit, in Kommunen und Schwulen-WGs. Ihr Ehemann reichte 1974 die Scheidung ein. Sie erschien öfter ungeladen in TV-Shows, wo sie ihre Brüste entblößte und »ficken, ficken, ficken« rief. Goetze behauptete, dass alle Schwulen bei ihr zu Bisexuellen geworden seien. Damals waren exhibitionistische Talkshows im Nachmittagsfernsehen noch unbekannt. Später fertigte sie auch Stickbilder an, von denen fünf in die Collection de L'Art Brut in Lausanne aufgenommen wurden.

1978 zog Goetze nach Berlin-Kreuzberg. Rosa von Praunheim drehte über sie den Film »Rote Liebe«. Sie selbst bezeichnete sich als »primäre Tabubrecherin«, während sie von der Boulevardpresse »Deutschlands Supersau« genannt wurde. Seit 1982 schrieb sie in ihrer Charlottenburger Hinterhauswohnung für die sexuelle Selbstbestimmung und begann zu malen. Man sieht Geschlechtsorgane in allen Ausprägungen, laszive Frauenakte in Paradieslandschaften, provozierende Posen, mahnende Zeigefinger: Eine verstörende Mischung aus naiver Kunst, Dada und evangelischer Gemeindehausästhetik. Die Wände ihrer Wohnung bildeten gleichzeitig ihr Museum. Helga Goetze wollte die Gesellschaft verändern und wissen, »wie alles zusammenhängt«. Ausdruck ihres Wissens- und Erkenntnisdrangs sind über 3 000 Gedichte und mehr als 300 gestickte Bildtafeln, die ihre Botschaften und Anschauungen versinnbildlichen.

Öfters holte die Polizei sie vom Breitscheidplatz und brachte sie zur Dietrich-Bonhoeffer-Nervenklinik. In der Klinik benahm sich Goetze, wie sie es in ihrem früheren Leben gelernt hatte: höflich, lieb, zurückhaltend – und man ließ sie wieder gehen. Nach einem Schlaganfall lebte Helga Goetze in einem Pflegeheim und starb 2008 mit 85 Jahren in Winsen.

⊙ Breitscheidplatz (an der Kaiser-Wilhelm-Gedächtniskirche),
   10719 Berlin-Charlottenburg

. . . .

Royaler Aufstieg
Der Findling Kaiserstein

Wenn Kaiser Wilhelm I. (reg. 1871–1888) zur Truppenparade auf dem Tempelhofer Feld gelangen wollte, ließ er seine Kutsche am Stadtschloss vorfahren. Dann ging es nach

Süden. Am Mehringdamm Ecke Kreuzbergstraße stieg er aus und kletterte auf einen großen Findling, der »Kaiserstein« genannt wurde. Er schwang sich auf sein kaiserliches Pferd und ritt zum Paradeplatz. Sein Nachfolger Kaiser Wilhelm II. (reg. 1888–1918) nutzte diese Aufstiegshilfe vermutlich nicht. Einer seiner Arme war verkrüppelt und er kam nur mit einer Leiter aufs Pferd. Noch 1902 wetterte er: »Solange ich ein warmes Pferd habe, besteige ich einen solchen Stinkkarren nicht.« Gemeint war damit eines der ersten Automobile. Doch schon bald wuchs die Zahl der Daimler-Wagen im kaiserlichen Fuhrpark. Zu Zeiten der beiden Kaiser Wilhelms gab es zahlreiche Paraden: zum Sedantag, zu Kaisers Geburtstag, die Herbstparade des Gardecorps oder die Parade der Luftschiffer-Abteilung und die Dreikaiser-Parade nach dem Sieg über Frankreich. Bilder dieser Ereignisse zeigten das nationale Pathos des preußischen Militärs.

Der Kaiserstein befindet sich noch heute auf der Rasenfläche, die von Mehringdamm, Kreuzberg- und Methfesselstraße eingefasst wird. Dieser Findling gab auch einem früheren Restaurant seinen Namen, heute das »Dolden Mädel Braugasthaus«. Über dem Eingang stand in Großbuchstaben: KAISERSTEIN. Und zwischen KAISER und STEIN prangte eine dreizackige Krone. Inzwischen geht es hier eher bürgerlich zu, und auf dem Tempelhofer Feld paradieren vor allem Skater, Fahrradfahrer und Kitesurfer.

⊙ Mehringdamm 80, Ecke Kreuzbergstraße,
 10965 Berlin-Kreuzberg

Stehengelassen
Die Berliner Mauer im Ministerium

Jahrelang stritt Erich Stanke, ein Kaufmann aus Krefeld, mit dem Senat über die Mauerreste in der Stresemannstraße Ecke Erna-Berger-Straße: Dürfen sie stehenbleiben oder nicht? Stanke sah in der Mauer ein schützenswertes Denkmal: »Die Grenztruppen hatten mir die gesamte Grenzübergangsstelle Potsdamer Platz als Eigentum überlassen. Die Mauer von der Stresemannstraße bis zur Leipziger Straße, 117 Mauerteile, haben dazugehört.« Der Senat wollte sie abreißen und zunächst eine Zufahrtsstraße zum Bundesratsgebäude bauen. Zwar bestätigte das Landgericht Stanke 1990 den Erwerb der 142 Meter langen Mauer. Doch der Grund, auf dem sie stand, gehörte dem Land. Also wurden 1999 von »Stankes Mauer« 16 Segmente für eben diese Zufahrt entfernt. Der Kaufmann hatte schon zuvor durch die Bauarbeiten am Leipziger und Potsdamer Platz zahlreiche der Segmente verloren. »Ich habe in 14 Jahren schon 46 Prozesse zum Erhalt der Mauer am Potsdamer Platz führen müssen. Und die haben mich bis heute 450000 Euro gekostet.« Er drohte sogar einmal mit Selbstverbrennung.

Kurz nach dem Mauerfall war Erich Stanke auf die Idee gekommen, einen Teil der Mauer mit den dazugehörenden Wachanlagen zu kaufen. Die einzige Bedingung des Verkäufers, einem DDR-Offizier, war, dass Stanke sich um die dort noch beschäftigten Soldaten kümmern sollte. Mit einem Aufpreis wurde das »Kompensationsgeschäft« getätigt. Für Stanke war es kein Problem, Jobs für die Grenzer zu finden. Allerdings ging es ihm zunächst gar nicht um den Mauerer-

Ohne Mauern kommt kein Haus aus – aber die Berliner Mauer im Umweltministerium dürfte einzigartig sein.

halt. Er machte eine Diskothek auf, ließ Leute Bungee springen und eröffnete einen Biergarten.

Später beanspruchte der Bund das Grundstück für einen Neubau des Umweltministeriums. Der Bau sollte mit dem benachbarten ehemaligen Preußischen Landwirtschaftsministerium zusammengelegt werden. »Die Mauer besetzt unser Grundstück«, hieß es aus der Bundesvermögensverwaltung. Außerdem würde Stanke das Mauerstück gar nicht gehören, so ihr Sprecher. »Wenn Grenzer die Mauer verkaufen, ist das das Gleiche, als würde eine Krankenschwester die gesamte Charité verkaufen.« Auch dieses Stück Mauer sei Eigentum der Bundesrepublik. Selbst wenn Stanke das Gegenteil behauptete – »wir haben seinen Besitzanspruch nie akzeptiert«. Ein etwa 18 Meter langes, bemaltes Stück mit 15 Segmenten der sogenannten Hinterlandmauer blieb am Ende stehen. Es sollte in den Ministeriumsbau als Kunst am Bau integriert werden. Den Rechtsstreit mit dem Bund hatte Stanke verloren. Auch aus Sicht des Bundesgerichtshofes gehören die Mauerreste dem Staat. Ein Gerichtsvollzieher ließ 2005 die ersten Mauerteile abtransportieren.

Diese Segmente stehen heute im Foyer des Umweltministeriums, im zentralen Informations- und Ausstellungsraum. Sie sind dort für jedermann zugänglich, können aber auch von außen durch die großen Fenster gesehen werden. Die Mauersegmente wurden zwar umbaut, stehen aber innerhalb der neuen Konstruktion frei. Es entstand in dem Neubau eine Hofsituation. Die Mauerteile wurden allerdings für die Bauarbeiten im Frühjahr 2007 abgebaut und zwischengelagert. Erst später baute man sie am Originalstandort wieder auf – nur eben mitten im Ministerium.

◉ Stresemannstraße 128–130, 10117 Berlin-Mitte

• • ♪ ♫ ⚬ •

Tierlos heiß
Der vegane Sexshop

Vegane Läden sind in Berlin schon lange keine Seltenheit mehr. Doch seit Ende 2011 gibt es auch einen Erotikshop, der diesen Trend aufgreift. Es geht um Sex, Lust – und Feminismus. Die gebürtige Kanadierin Sara Rodenhizer hat in Kreuzberg den alternativen Sexshop »Other Nature« eröffnet. Mit ihm wollte sie einen Ort schaffen, an dem ohne Scham und Tabus über Sexualität gesprochen wird. Queer-feministisch-vegan will Rodenhizer sein. Das Angebot richtet sich nicht nur an Frauen. Es sei egal, wie sich jemand geschlechtlich einordnet und wer ihn anzieht. Die Kunden können in dem Geschäft Sexspielzeuge kaufen, bei deren Herstellung keinerlei tierische Produkte verwendet werden: »Alles außer Schweinkram« titelte die Tageszeitung »taz«.

Viele Produkte der Sexindustrie seien toxisch oder gesundheitsschädlich, sagt Rodenhizer. Auch auf umweltverträgliche Artikel wird also geachtet. Im ersten Verkaufsraum hängen Peitschen aus alten Fahrradschläuchen, Seile aus Hanf oder Jute, Tampons ohne Chlor und Kondome ohne Milcheiweiß. Die linke Wand zeigt Dildos und Vibratoren in allen Formen, Farben und Größen – ein buntes Angebot. Am umweltfreundlichsten sei ein Spielzeug, wenn es aus Glas oder Metall besteht. Die Menstruations-Abteilung zeigt Stoffbinden wie zu Großmutters Zeiten und bunte Menstruationstassen. Der »Diva Cup« aus Silikon ist der Verkaufsschlager des Ladens. Gegenüber finden Interessierte Handschellen aus Kunstleder, im hinteren Raum Bücher, Zeitschriften und DVDs über Sexualität und auch feministische Pornos.

Sara Rodenhizer möchte ihre Kunden kompetent und vertrauensvoll beraten in einer Atmosphäre, die auch persönliche Fragen zulässt. Neu ist diese unkonventionelle Arbeit für die Ladeninhaberin nicht. Die studierte Literaturwissenschaftlerin hat bereits in Ottawa einen alternativen Sexshop geleitet. Damals brauchte sie Geld und wollte ihre eigene Schüchternheit überwinden, erzählt sie. Als sie sich in Berlin umsah, war sie überrascht: Es gab zwar dunkle, muffige Sexshops hinter schweren Latexvorhängen. Ein alternativer Laden, in dem sich beide Geschlechter wohlfühlen, aber fehlte. Rodenhizers Geschäft in Kreuzberg liegt zwar etwas versteckt hinter den Büschen einer Grünanlage, ist aber lichtdurchflutet. Regelmäßig finden hier auch Workshops zu Themen wie Fußmassage, Menstruation, Orgasmus oder erotische Fantasien statt.

Bisher existiert für Erotikartikel noch kein Öko- oder Fair-Trade-Siegel. Deswegen muss Rodenhizer bei den Herstellern alles selbst erfragen: Wo kommen die Materialien her? Werden tierische Stoffe verwendet? Wo wird produziert und unter welchen Arbeitsbedingungen? Viele herkömmliche Kondome und Gleitgele sind nicht vegan. Sie können Casein, ein Milchprotein, oder tierisches Glycerin enthalten. In veganen Kondomen findet sich stattdessen oft ein Distelextrakt. Und Harnesse, beliebte, oft aus Leder gefertigte Gurtwerke, werden alternativ aus Gummi und textilen Materialien angeboten.

⊙ Mehringdamm 79, 10965 Berlin-Kreuzberg

• •

Knick in der Mauer
Der Frohnauer Entenschnabel

Die Berliner Mauer nahm in Glienicke, im Norden Berlins, einen ihrer absurdesten Verläufe: Man nannte ihn den Entenschnabel. Die Stichstraße Am Sandkrug in der brandenburgischen Gemeinde Glienicke/Nordbahn ragt in einem schmalen Streifen von Ost nach West in das Berliner Gebiet

Im Grunde waren die Menschen im Westen, auf ihrer Landzunge in Frohnau.

hinein, kaum einen Kilometer lang. Auf einer Karte ähnelt der Grenzverlauf einem Entenkopf mit Schnabel. Nach der Teilung Berlins in die alliierten Sektoren kam das umliegende Gebiet zu West-Berlin und die Grundstücke zu beiden Seiten der Straße wurden durch den Mauerbau auf drei Seiten vom Berliner Areal abgetrennt. Im Mittelalter haben die Dorfbewohner im sogenannten Entenschnabel den Aasplatz angelegt. Er befand sich für sie am Ende der Welt, möglichst weit weg von der Siedlung, um Seuchen zu vermeiden. Ein Gemeindevorsteher muss die bizarre Schleife in die Amtsbücher gemalt haben, und sie blieb bis heute unverändert.

Die umgrenzte Fläche war zur Zeit der Teilung so schmal, dass der typische Grenzstreifen hier keinen Platz fand. Die Grenzsicherung bestand nur aus der Mauer und dem sogenannten Hinterlandzaun und war nur drei Meter breit. Der schmale Todesstreifen verlief direkt durch die Gärten der Bewohner. Am Ende der Sackgasse wurde später eine größere Freifläche geschaffen. Nach Osten hin versperrte der Grenzstreifen den ungehinderten Zugang vom und zum Rest von Glienicke. Er galt als ein bewohntes Sondersperrgebiet, die Fluchtgefahr war relativ hoch.

Der Entenschnabel war stets hell erleuchtet, in der Nacht bildeten die hohen bogenförmigen Lampenmasten eine einzige Lichttrasse. Die Bewohner und deren Besucher mussten im Unterschied zu anderen DDR-Bürgern eine Reihe von Unannehmlichkeiten ertragen. Ein paar Meter weiter wohnten die Reinickendorfer Nachbarn, mit denen jedoch eine Kontaktaufnahme verboten war. Eine recht absurde Wohnsituation. Aus diesem Grund durften im Entenschnabel nur zuverlässige DDR-Bürger (meistens SED-Mitglieder) wohnen. Alle Besucher, auch Handwerker oder Ärzte, brauchten eine Sonderbewilligung. Es kam vor, dass die Bewohner ihre Häuser nicht verlassen konnten. Auch sie hatten sich an die Sonderregeln für Grenzgebiete zu halten.

Am 1. Juni 1952 versperrte die DDR die Durchfahrt. Der historische Streckenverlauf der Bundesstraße 96 von Hermsdorf nach Frohnau führte östlich am Entenschnabel vorbei in nördlicher Richtung auf etwa 1100 Metern über DDR-Gebiet, davon mehr als 800 Meter lediglich genau um die Straßenbreite.

Seit Mitte der 1960er Jahre bemühte sich der West-Berliner Senat immer wieder um eine Grenzbegradigung, sogar noch beim letzten Gebietsaustausch 1987 – vergeblich. Formal begründet wurde dies unter anderem damit, dass das Gebiet des Entenschnabels bewohnt sei. Die DDR-Unterhändler signalisierten allerdings, dass Mitte der 1990er Jahre weitere Korrekturen möglich wären. Dann würde man unter anderem den Entenschnabel mit Albrechts Teerofen austauschen.

Die Wirklichkeit zeigte sich am Ende anders: Nach der Wende musste man keine Wiesen oder Straßenzüge mehr tauschen. Und so ist auch der historische Streckenverlauf der Bundesstraße 96 längst wieder durchgängig befahrbar. Fährt man auf der Oranienburger Chaussee (B 96) nach Norden aus Berlin heraus, folgt dem ersten Ortsausgangsschild (Sie verlassen Berlin) nach sieben Querstraßen ein Ortseingangsschild (Sie betreten Berlin) und nach weiteren vier Kilometern erneut ein Ortsausgangsschild (Sie verlassen Berlin, diesmal endgültig). An der Bundesstraße 96 befindet sich heute, neben der Einfahrt zur Straße Am Sandkrug, eine Erinnerungsstele und Gedenktafeln des Berliner Mauerweges. Die Straße aber ist nach wie vor eine Sackgasse.

⊙ Am Sandkrug, 16548 Glienicke/Nordbahn

Selbst gewählt
Die Philharmoniker sind Demokraten

Die Berliner Philharmoniker sind ein besonderes Orchester, nicht zuletzt weil sie demokratisch organisiert sind. Die Musiker wählen die Orchestermitglieder und sogar den Chefdirigenten selbst. Damit entscheiden die 124 Philharmoniker in einer geheimen Wahl über den begehrtesten Job in der Klassikwelt. Keine leichte Aufgabe, denn die Orchestermusiker sind alle Individualisten. Dabei kennt die 1882 gegründete Elitetruppe gar keinen Chefdirigenten, sondern nur einen künstlerischen Leiter. Das klingt eben weniger nach Führungsposition. Ein künstlerischer Leiter kümmert sich nicht nur um seine eigenen Programme, sondern muss stets auch das große Ganze im Blick haben. Er soll das Gesicht des Orchesters sein, ein großer Kommunikator, offen für alle Aktivitäten der Philharmoniker von der Jugendarbeit bis zur Internet-Präsenz.

Diese Macht der Musiker ist weltweit einmalig. Kein anderes Orchester entscheidet allein über seinen Chef. Bei den Philharmonikern hängt das mit ihrer Gründungsgeschichte zusammen: 1882 rebellierten die Mitglieder der Bilseschen Kapelle, dem Vorgängerensemble, gegen ihre Arbeitsbedingungen. Sie setzten den Chef vor die Tür und formierten sich als basisdemokratisch organisiertes Ensemble neu. Seitdem wird über alle zukunftsrelevanten Fragen in der Vollversammlung des Orchesters entschieden.

Der ehemalige Militärkapellmeister Bilse leitete das Orchester seit 1842 im schlesischen Liegnitz (seit 1867 in Berlin) sehr autoritär und zahlte den Mitgliedern bescheidene Gagen. Als es – bei gleichzeitig gekürzter Entlohnung – wieder in der vierten Klasse auf Tournee gehen sollte, weigerten sich 54 der Musiker. Zum 1. Mai 1882 waren sie frei, was die Philharmoniker am Tag der Arbeit feierten. Die Unzufriedenen bildeten ein eigenes Orchester mit Statuten, die nie wieder ein solches Verhalten zulassen sollten. Der Kulturjournalist Frederik Hanssen schreibt im »Tagesspiegel«: »Früher waren die Fronten klar. Hier der Pultgott, der sagt, wo's langgeht, dort die Instrumentalisten, die ihm gehorsam folgen. Heute soll die Orchesterarbeit als Teamwork funktionieren. Kollegial, auf Augenhöhe, eine Demokratie mit flachen Hierarchien – passend zur Firmenphilosophie des 21. Jahrhunderts.«

Der Wahlgang erfolgt bei den Philharmonikern altmodisch mit Stimmzetteln in einer Urne. Man bleibt dann wie bei der Papstwahl so lange zusammen, bis ein Name feststeht. Bis zu Herbert von Karajan entschied das Orchester nicht allein, sondern in Abstimmung mit der Konzertdirektion Wolff. Sie managte das damals noch privatwirtschaftlich organisierte Ensemble. Erst 1954, als der damalige Leiter Wilhelm Furtwängler starb, stimmten die Philharmoniker erstmals über ihren Chef allein ab. Bei keinem Kandidaten wird im Vorfeld gefragt, ob er den Job bei einer Wahl auch tatsächlich übernehmen würde. 1989, als der Nachfolger von Karajans gefunden werden sollte, brachten sich die Musiker in eine missliche Lage, denn sie hatten vor der Wahl herumtelefoniert. Jeder Gefragte rechnete anschließend fest damit, dass er das Rennen auch wirklich machen würde. Als dann Claudio Abbados Name verkündet wurde, gab es verletzte Eitelkeiten: Gleich mehrere Maestri brachen für viele Jahre den Kontakt zum Orchester ab. Im Juni 2015 entschieden sich die Philharmoniker nach einem ersten ergebnislos abgebrochenen Wahlgang für einen neuen künstlerischen Leiter. Als der Dirigent Kirill Petrenko über das Ergebnis informiert wurde, soll der Auserwählte am Telefon sofort zugesagt haben, und zwar mit den Worten: »Ich umarme das Orchester!«

⊙ Herbert-von Karajan-Straße 1, 10785 Berlin-Tiergarten

Das erste Handy
... war eine Taschenlampe

Im Schloss Hohenschönhausen, dem ältesten Profanbau Lichtenbergs, wohnte von 1910 bis 1929 der erfolgreiche Erfinder und Fabrikant Paul Schmidt (1868–1948). In seinen Daimon-Werken wurden vor allem Batterien und Taschenlampen produziert, die er in die ganze Welt exportierte. 1936 erwies sich Schmidt als besonders weitsichtig und ließ die Bezeichnung »Handy« als Warenzeichen eintragen. Gemeint war damit allerdings kein Mobiltelefon, sondern eine besonders handliche Daimon-Taschenlampe. Sie konnte zusätzlich einen Ventilator tragen und wurde daher in Zeitungsanzeigen auch mit dem »kühlen Wind« beworben, für den sie zusätzlich sorgte. Weitere Funktionen sind nicht bekannt.

Die Grundlage für Schmidts Erfolge war, dass es ihm 1896 gelungen war, Energie mithilfe einer Trockenbatterie zu speichern und mobil zu machen. Er entwickelte eine 4,5 V-Taschenlampenbatterie aus drei nebeneinander angeordneten 1,5 V-Zellen. So konnte er seine erste »elektrische Taschenlaterne« mit Strom versorgen. 1906 ließ er sie sich patentieren. Bis zu diesem Moment hatte er jedoch viele Fehlschläge einstecken müssen. Schmidt experimentierte damit, Säure in einen festen Zustand zu bringen und so den von Alessandro Volta erfundenen flüssigen Energiespeicher handhabbar zu machen. Etliche Erfinder hatten jahrzehntelang versucht, das Problem zu lösen. Auch Schmidt verwendete zunächst erfolglos die verschiedensten Stoffe: von Sägespänen über Gelatine bis hin zu Gips. Die Säure war nicht

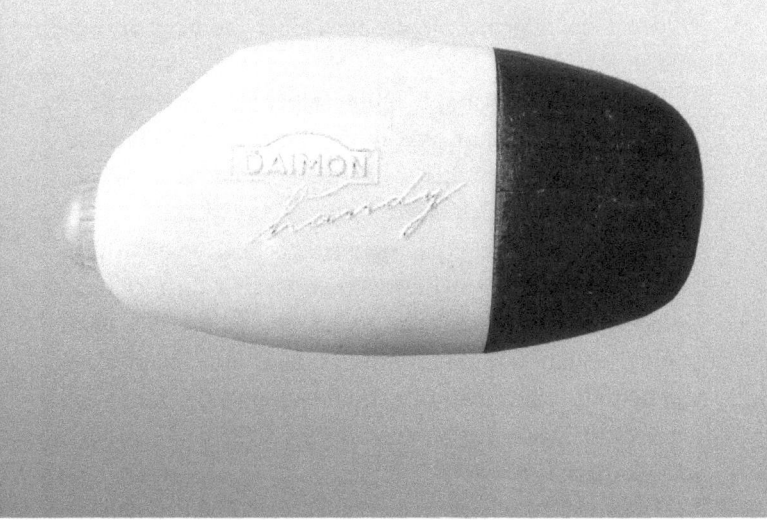

Das erste Handy der Welt – noch ganz ohne Bildschirm und überflüssige Apps

in einen festen Zustand zu bringen. Erst der Zufall kam dem Erfinder zu Hilfe. Er schaute seiner Frau beim Backen des Sonntagskuchens zu, wie sie Milch mit Mehl vermengte. Da fiel ihm die flüssigkeitsbindende Wirkung von Weizenmehl auf. Damit war die Erfindung der Trockenbatterie gemacht, mit einer Mischung aus Säure und Mehl als Basis.

Mit der Gründung der »Elektrotechnischen Fabrik Schmidt & Co.« im Jahr 1900 wurde Schmidt zu einem bedeutenden Unternehmer. Bei Exporten ins Ausland sorgte allerdings der Firmenname für Ausspracheprobleme. Daher ließ Schmidt den Namen »Daimon« (Schutzgott) als Marke für seine tragbaren Lampen registrieren. Der Legende nach soll sich der griechische Philosoph Sokrates auf seinen Daimon verlassen haben, der ihm half, den richtigen Weg zu finden – eine Eigenschaft, die auch einer Taschenlampe gut zu Gesicht steht.

Schon 1903 begann Schmidt in der Chausseestraße 82 (jetzt Nummer 88, im Wedding), Batterien und Glühlampen zu produzieren. Später zog die Produktion in die Sellerstraße 13. Wie sich zeigte, hatte er eine Marktlücke entdeckt: Der Umsatz mit Batterien stieg schnell – von 800 auf 3 000 Stück pro Tag. In dieser Phase wurden die noch heute gültigen Normmaße für Batterien entwickelt: Das Maß für seine Produkte war die Handfläche. Die Taschenlampe und die Batterie wurden zu Riesenerfolgen und »Daimon« entwickelte sich zu einer Weltmarke. Seit 2005 gehört sie dem US-Konzern »Procter & Gamble«.

In den 1920er Jahren stieg Paul Schmidt in den neu entstehenden Radiomarkt ein. Mit der Produktion von 10 000 Radiogeräten in einer neuen Fabrik in der Großen Legestraße 97/98 in Hohenschönhausen aber übernahm er sich. Der Erfinder setzte nicht genug Geräte ab und war bald verschuldet. Deshalb musste er das Schloss Hohenschönhausen, das aufwendig umgebaut worden war, verkaufen. Schmidt zog sich aus der Geschäftsführung zurück und gab die Mehrheit an seinem Unternehmen an den englischen Konkurrenten »Every Ready Company Ltd.« ab. Er starb, verarmt, 1948. Ein Daimon-Museum im Schloss erinnert seit 2016 an den früheren Hausherrn.

⊙ Hauptstraße 44, 13053 Berlin-Lichtenberg

Der Schweinebauch
Berliner Pflaster hat Gewicht

Die Granitplatten, über welche die Berliner in der Stadt laufen, nennt man auch Schweinebäuche. Oben eine glatte Trittfläche, die Unterseite dagegen rund belassen und nur grob behauen. Das Ganze sieht aus wie die Wampe eines Hängebauchschweins. Die zentnerschweren Platten fixieren sich mit ihrem enormen Gewicht im Berliner Sand selbst. Solche Gehwegplatten gibt es nur in Berlin und dort vor allem in den Altbauvierteln.

Diese Platten bilden das charakteristische Steinband in der Gehwegmitte. Zu beiden Seiten wird es von unterschiedlichen Pflastersteinen flankiert. Die Gehwegplatten sind einen Meter breit, die zweite Kante aber ist unterschiedlich lang: Es gibt nahezu quadratische Platten, schmale Streifen oder riesige Rechtecke. Verlegt werden sie in Einzel- oder Doppelbahnen, zum Teil auch gleich dreifach nebeneinander, je nach der Breite des Bürgersteigs. Jede Platte ist einzigartig. Viele sind matt grau, manche schimmern rötlich. Kein Quader gleicht dem anderen. Seit mehr als 100 Jahren absolvieren sie einen harten Straßeneinsatz. Viele haben abgeschlagene Ecken oder ausgefranste Kanten. Immer öfter sind die Gehwege aber geflickt mit Asphalt oder modernen Kunststeinen. Bauarbeiter kennen das Leid, die Schweinebäuche wegzustemmen. Liegen sie dann am Rand einer Straßenbaustelle, zeigt sich ihre Wampe.

Dieser harte Stein schien wie geschaffen für die wachsende Metropole Berlin. Planer und Bauträger importierten den 600 Millionen Jahre alten »Granodiorit« im 19. Jahrhundert gleich hunderttausendfach aus der Lausitz und Schlesien. Die erste Platte wurde 1824 in einer Privatinitiative vor der Weinhandlung Lutter & Wegner auf dem Gendarmenmarkt verlegt. Die Gäste konnten so sicher und sauber das Lokal betreten – eine Idee, die den Preußenkönig überzeugte. Von da an lösten die Schweinebäuche die Pflasterungen mit Feldsteinen (»Katzenköpfen«) ab. Friedrich Wilhelm III. finanzierte den ab 1835 einsetzenden Gehwegbau durch die Hundesteuer. Der Bürger sollte vor allem nicht mehr mit den Augen auf dem Boden laufen müssen. Als dann die Straßenpflasterung und Schwemmkanalisation den stinkenden Unrat auf den Straßen beseitigten, entstanden überall komfortable Laufwege. Um 1880 wurde das Bürgersteigdesign dann verfeinert. Mosaikpflaster rahmten die großen Platten ein, zum Beispiel der »Bernburger Rogenkalk« oder anthrazitfarbene Basalte. Im Jugendstil entstanden sogar regelrechte Mosaik-Orgien.

Das Prunkstück unter den schon imposanten Schweinebäuchen ist das Modell Charlottenburg. Es liegt unter anderem auf der Hardenbergstraße, ist doppelt so groß und zwei Meter breit. Und breiter auch als der prachtvolle und gut erhaltene Granitteppich vor dem Berliner Dom. Auch die Pflasterung im Lustgarten nebenan kann hier nicht mithalten. Die großen Steine glänzen wie frisch poliert und sind scharfkantig, aber sie sind schließlich auch neu, ebenso wie die im Regierungsviertel – ohne jede Patina. Aus China wurden sie für das historische Stadtbild per Schiff herbeigeholt. Die auch heute noch erhältlichen schlesischen Schweinebäuche sind inzwischen einfach zu teuer.

Jede Gehwegplatte verwittert im Lauf der Zeit anders. Ihre abgestumpfte Oberfläche bietet sicheren Tritt auch bei

Nässe. Auf den neu verlegten Platten hingegen gerät der Passant leicht ins Rutschen. Aber die alten Steinplatten, die oft noch auf den Bauhöfen der Bezirke lagern, werden nicht wiederverwendet. Für die Bürgersteige müssten sie aus Sicherheitsgründen neu angeschliffen und zugeschnitten werden, um den Vorschriften zu genügen. Das sei schlichtweg zu teuer. So darf zum Beispiel der Höhenunterschied zwischen einzelnen Gehwegplatten nur 1,5 Zentimeter betragen. Viele Schweinebäuche haben ihre Position inzwischen so weit verschoben, dass Stolpergefahr droht. Das Tiefbauamt gießt behelfsmäßig etwas Asphalt zum Höhenausgleich an die aufragenden Stellen. Meistens werden die Granitplatten heute an die Gartenbauämter übergeben. In den Grünanlagen sind die Vorschriften lockerer.

⊙ Am Lustgarten (und vor dem Berliner Dom), 10178 Berlin-Mitte

• •

Ein Auto mit Format
Der Tropfenwagen

Der Automobil- und Flugzeugbauer Edmund Rumpler hatte seinen Durchbruch 1910 mit dem zweisitzigen Motorflugzeug »Taube« gefeiert. Nach dem Ersten Weltkrieg verboten die Siegermächte den Bau von Motorflugzeugen in Deutschland. Da Luftfahrzeuge außer Reichweite waren, führte sein erstes Vorhaben Rumpler nach dem Krieg wieder zurück zu seinen automobilen Wurzeln. Dabei ging die in zwölf Jahren Flugzeugbau gewonnene Erfahrung in ein aerodynamisches

Automobil-Projekt ein: den Tropfenwagen. Deutsche Technikerkollegen sprachen von einem »Vogel mit beschnittenen Flügeln«. Als Rumpler das Fahrzeug im Herbst 1921 auf der Deutschen Automobilausstellung in Berlin vorstellte, war es eine Sensation: der weltweit erste in Serie gefertigte stromlinienförmige Personenkraftwagen. Von oben betrachtet glich die Karosserie einem fallenden Wassertropfen. Sie sollte den Luftwiderstand mindern, den Benzinverbrauch und die Staubentwicklung auf Deutschlands schlechten Straßen reduzieren. In der damaligen Zeit sahen Personenkraftwagen noch immer wie Pferdedroschken aus. Ihre Konstrukteure dachten wenig über Luftwiderstände nach.

Das Fahrzeug war von Grund auf anders als damals übliche Modelle. Zum ersten Mal kamen gewölbte Glasscheiben zum Einsatz. Die energiersparenden Luftwiderstandswerte der Karosserie blieben im Autobau über Jahrzehnte unerreicht. Der zentral im Bug sitzende Scheinwerfer sowie die Hupe wurden in die Karosserie integriert. Gewöhnungsbedürftig waren die tragflächenförmigen seitlichen Finnen (statt der üblichen Kotflügel) und die mittige Sitzposition des Fahrers, der wie in einem Flugzeugcockpit steuerte. Hinter dem Fahrer war Platz für vier weitere Passagiere. Dazu kam der glattflächige Unterboden, in dem die beiden Ersatzräder und alle integrierbaren Fahrwerkskomponenten versteckt waren.

Seit Anfang des 20. Jahrhunderts wurde der Motor nicht mehr im Heck, sondern vorne im Wagen eingebaut. Rumpler aber fand vor der Hinterachse den dafür idealen Platz. Von ihm stammt der heute in jedem Rennwagen übliche Mittelmotor. Die Getriebe und Differential wurden dahinter angeordnet und die angetriebenen Räder unabhängig voneinander aufgehängt und gefedert.

Bis heute ist der Tropfenwagen eines der aerodynamischsten Fahrzeuge, die im 20. Jahrhundert gebaut wurden.

Der Tropfenwagen besaß eine Leistung von 35 PS und erreichte eine Höchstgeschwindigkeit von 95 km/h. Leider war das neuartige Fahrzeug kein wirtschaftlicher Erfolg. Das Auto wurde als Reisewagen beworben, besaß aber nicht einmal einen Kofferraum. Der Sechszylinder-Fächermotor lief nicht rund, musste durch einen Vierzylinder-Reihenmotor ersetzt werden. Auch die ausschlagende Lenkung und das Flattern der Vorderräder sorgten für viel Kritik. Die letzten der hohen Wagen gingen zunächst den Weg vieler unverkäuflicher Fahrzeuge: Sie wurden weit unter Preis an Berliner Taxifahrer verkauft. Bei einem Nachfolgemodell gab es schließlich einen Kofferraum und die Karosserie wurde verlängert. Ein Geldgeber steckte nochmals etliche Millionen Mark in das Unternehmen. Doch die Taxifahrer stießen schnell auf die konstruktiven Mängel und wollten die Fahrzeuge so schnell wie möglich wieder loswerden.

Bis 1925 wurden nur etwa 100 Fahrzeuge in den Rumpler-Werken in Berlin-Johannisthal gebaut. Im Folgejahr avancierte das Tropfenauto zum Star in dem utopischen Zukunftsfilm »Metropolis«. In der Schluss-Szene verbrannten zwei der abnormen Fahrzeuge mit dem Roboter Maria, einer Unheilsgöttin, auf einem Scheiterhaufen. Für den Ufa-Regisseur Fritz Lang verkörperten sie offenbar eine Technikentwicklung, die Furcht auslöst. Die beiden letzten erhaltenen Fahrzeuge stehen heute im Deutschen Technikmuseum Berlin und im Deutschen Museum in München.

Die Aerodynamik geriet im Fahrzeugbau danach fast ein halbes Jahrhundert in Vergessenheit. Nach zwei Energiekrisen besann man sich aber auf die Stromlinienform. Für die Entwicklung neuer Karosserien untersuchte man 1979 im Windkanal des Volkswagenwerks mehrere Fahrzeuge mit vorbildlicher Aerodynamik. Beim Tropfenwagen wurde ein Luftwiderstandsbeiwert von nur 0,28 cw gemessen. Eine solche positive Energiebilanz besaßen selbst die meisten Autos der 1980er Jahre nicht. Die VW-Ingenieure schafften diesen Wert beim Golf erst beim dritten Facelifting.

⊙ Trebbiner Straße 9 (Deutsches Technikmuseum),
   10963 Berlin-Kreuzberg

Undiplomatisch
Botschafter als Verkehrssünder

Diplomaten und ihre Familienangehörige genießen Immunität und werden deshalb auch als Verkehrssünder nicht belangt. Den Berliner Behörden entgeht dadurch jedes Jahr viel Geld. Unter den etwa 5000 ausländischen Diplomaten und Botschaftsangehörigen in der Hauptstadt sind die Autofahrer aus den Vereinigten Staaten von Amerika die größten Verkehrssünder. Auf den weiteren Plätzen folgen die Diplomaten aus Griechenland, Russland, Jemen und Kasachstan. Die Plätze sechs bis neun belegen die Botschaftsmitarbeiter aus Nigeria, Pakistan, Saudi-Arabien und Montenegro. In den meisten Fällen wird von den Diplomaten falsch geparkt.

Dabei fahren die Diplomaten und Familienmitglieder, mit der »0« als Kennzeichen für ein Regierungsfahrzeug, immer rücksichtsloser. 2018 wurden sie 21 714-mal bei Verstößen gegen die Verkehrsregeln erwischt. Das waren zwar rund 1 200 weniger als im Vorjahr, aber mehr als doppelt so viele wie noch zehn Jahre zuvor. Im Durchschnitt haben Diplomaten täglich 59 Mal gegen das Gesetz verstoßen. Die Dunkelziffer dürfte jedoch immens sein. Da die Anzeigen ohnehin im Papierkorb landen, verzichten etliche Polizisten darauf, sie überhaupt aufzunehmen. Wer sich für die Halter der Fahrzeuge im Einzelnen interessiert: Die Kennzeichen lassen sich wie folgt aufschlüsseln: Hinter der »0« zeigt die erste Zahl das Entsendeland an (z. B. »118« für Saudi-Arabien und »140« für Russland), wobei die Länder weitgehend nach ihrer Reihenfolge im Alphabet durchnummeriert sind. Die zweite Ziffer repräsentiert den Status, den der Wagenbesitzer besitzt. Je höher die Zahl, desto niedriger die Position, weshalb die Ziffer 1 dem Botschafter vorbehalten ist.

In Berlin sind 2706 Fahrzeuge auf das Diplomatische Korps und internationale Organisationen zugelassen (Stand: 2018). Auf jedes Diplomatenauto in Berlin kommen damit acht Verkehrsverstöße pro Jahr, eine stattliche Quote. Über die größte Zahl an Fahrzeugen verfügen die USA (264), die Russische Föderation (158) und Saudi-Arabien (81). Für die meisten europäischen Staaten sind zwischen 30 und 60 Wagen registriert.

Im Jahr 2018 entgingen der Verwaltung allein bei den aufgenommenen Verstößen mehr als 389734 Euro Bußgeld. Dabei blieb es nicht bei Parksünden und überhöhter Geschwindigkeit, beide auf den vordersten Plätzen. Diplomatenautos waren auch in insgesamt 79 Unfälle verwickelt, bei denen 32 Menschen leicht und zwei sogar schwer verletzt wurden. In den meisten Fällen machten sich die Diplomaten nicht einmal die Mühe, am Unfallort auf die Polizei zu warten. In 50 Fällen lag der Verdacht einer Unfallflucht vor. Etwaige Strafen mussten die Botschaftsmitarbeiter nicht befürchten. Alle Verfahren wurden von der Staatsanwaltschaft eingestellt. Unfälle von Diplomaten werden eigentlich nur selten bekannt, denn die Polizei verschweigt sie.

Die begangenen Verstöße werden dennoch dem Auswärtigen Amt gemeldet. Bei gravierenden Delikten verständigt das Amt die jeweilige Botschaft – meist ohne Folgen. Häufen sich die Fälle, werden die Gesandten ins Außenministerium zitiert. In Gesprächen kann darum gebeten werden, dass ein Mitarbeiter ausgetauscht wird. Das passiere nach Aussage des Auswärtigen Amtes jedoch eher selten. Aus diplomatischer Rücksichtnahme verriet die Innenverwaltung anfangs noch nicht einmal, wie viele Strafmandate jedes einzelne Land bekam – anders übrigens als vor dem Regierungsumzug in Bonn.

2007 hatte das Auswärtige Amt alle Botschaften in einer »Rundnote« darum gebeten, die »Straßenverkehrsordnung zu beachten«. Zudem wurden ausländische Vertretungen, bei denen sich Verstöße gegen das Straßenverkehrsrecht häuften, durch das Bundesministerium verstärkt ermahnt. Anschließend sanken die Zahlen für zwei Jahre, stiegen dann aber wieder an.

Der Berliner Polizeipräsident hat zuletzt eine 60-seitige Dienstanweisung erlassen über den Umgang mit Diplomaten – mit manchmal kuriosen Folgen. 2005 hatte ein Grieche seinen Mercedes in den Brunnen auf dem Ernst-Reuter-Platz gelenkt und war zu Fuß geflüchtet. Als die Polizei ihn später in seiner Wohnung aufspürte, zeigte er einen roten Ausweis – wie ihn Diplomaten haben. Die Polizei nahm ihn nicht mit zur Vernehmung. Einen Tag später stellte sich heraus, dass auch das Europäische Patentamt rote Ausweise hat – der Grieche war gar kein Diplomat.

⊙ Kurfürstendamm (als Beispiel), Berlin Charlottenburg-
   Wilmersdorf

Kaltblüter
Pferde in der Eisfabrik

Das Eingangsgebäude des Deutschen Technikmuseums an der Trebbiner Straße in Kreuzberg hat eine lebendige Vergangenheit. Über die noch vorhandene Pferdetreppe stiegen die Zugtiere früher in die oberen Stockwerke, wo sich die Stallungen befanden. Die Treppe nach oben ist so gebaut, dass sie von Lasttieren benutzt werden kann. Die Stufen sind geneigt und die Abstände zwischen ihnen verkleinert. Mit einem Lastenaufzug konnte man Pferdefutter und Heu bis auf den Dachboden transportieren. Hinter der Eingangstür zur Pferdetreppe befindet sich an der Wand noch ein längliches, drehbares Holzelement. Es sollte verhindern, dass sich die Pferde an den harten Steinkanten das Fell abschabten. Ein Schild weist auf den ehemaligen »Krankenstall« im zweiten Hof hin.

Der rote Backsteinbau, 1908 von Max Buchholz fertiggestellt, diente der »Gesellschaft für Markt- und Kühlhallen« der Firma Carl Linde. Das noch heute bekannte Unternehmen für Kältetechnik und Flussiggasproduktion stellte Stangeneis her, um Lebensmittel und Getränke zu kühlen. Der Firmensitz bestand aus zwei Kühlhäusern, einer Kristalleisfabrik, einem Maschinenhaus und einem Verwaltungsgebäude. Um einen Innenhof herum parkten die Pferdefuhrwerke und Droschken. Von hier aus fuhr die Firma Eisstangen in ganz Berlin aus – Kühlschränke gab es noch nicht.

Im Erdgeschoss befindet sich inzwischen die Historische Werkstatt des Museums. In der präsentierten Ausstellung zur Papiertechnik im zweiten Stock ist bis heute einer der

Stufenreich, aber für Arbeitstiere tauglich – die Pferdetreppe in einem früheren Fabrikgebäude.

Ställe zu sehen. Der 20 Meter lange Raum enthält noch Futtertröge und Halteringe für die Pferde.

Carl von Linde erfand im Jahr 1876 eine Kältemaschine auf Ammoniakbasis. Fortan konnte Kühleis maschinell und das ganze Jahr über hergestellt werden. Seine Erfindung ermöglichte auch den Bau großer Kühlhäuser, in denen die verschiedensten Lebensmittel gelagert werden konnten. Das Stangeneis aus Kreuzberg kühlte vor allem die angelieferten verderblichen Waren am nebenliegenden Güterbahnhof. Oder es wurde mit Pferdewagen in die Stadt transportiert. Erst in den 1920er Jahren fuhren mehr und mehr Autos das Eis aus.

Die Eisfabrik Linde stellte neben Stangen- auch Blockeis her. Nach der Lagerung im Eiskeller transportierte es der Eismann in bis zu 270 Kilogramm schweren Stücken. Wenn er Kindern ein abgeschlagenes Stück schenkte, empfanden sie das als Delikatesse. Das Eis war zwischen -20 °C und -1°C kalt. Es wurde im Haushalt oft in einem Eisschrank, dem Vorläufer des Kühlschranks, eingesetzt. Die stromlosen Eisschränke oder Kühlkisten mussten mindestens einmal die Woche befüllt werden. Der Eismann benutzte einen ledernen Schulterschutz und einen Handhaken zum Tragen der Eisblöcke. Mit einem Handbeil wurden die ca. ein Meter langen Stangen für Kleinabnehmer halbiert oder geviertelt. Von den beiden Kreuzberger Kühlhäusern ist heute nur noch das frühere Kühlhaus II in der Luckenwalder Straße erhalten.

⊙ Trebbiner Straße 9 (Deutsches Technikmuseum),
   10963 Berlin-Kreuzberg

. . . .

In Wachs und Gips
»Castans Panopticum«

Um die Jahrhundertwende gehörte »Castans Panopticum« zu den wichtigsten Sehenswürdigkeiten Berlins. Neben Wachsfiguren wurden auch lebende Menschen ausgestellt, Affenmenschen und Kongoweiber. Es war anfangs in der Kaisergalerie (an der Friedrichstraße Ecke Unter den Linden) untergebracht, wo sich heute das Hotel Westin Grand befindet, ehe es 1887 in das gegenüber befindliche Pschorr-Bräuhaus wechselte. Das Eckgebäude existiert noch. Die Fotografie und mit ihm der Bildjournalismus waren Ende des 19. Jahrhunderts noch nicht weit entwickelt. Damals versorgten die Panoptica die Menschen mit Informationen und Sensationen. In der Friedrichstraße gab es gleich zwei: Castan konkurrierte mit dem von einer neu gegründeten Gesellschaft 1888 eröffneten Passage-Panopticum der Kaisergalerie. Es überlebte Castan um ein Jahr und wurde 1923 geschlossen.

Louis Castan stellte mit seinen Wachsfiguren patriotische Schauen wie den »Berliner Kongreß« dar. Er zeigte mit »Auerbachs Keller« Genreszenen oder Folterwerkzeuge in der »Schwarzen Kammer«. Um dem Publikum Abwechslung zu bieten, traten bald lebendige Objekte (»Vertreter fremder Völkerschaften«) auf die Podeste: Indianer und Eskimos, Feuerländer und Chinesen. Eine berühmte afrikanische »Frauengarde« oder vierzig barbusige »fesche Weiber« zeigten sich dem Publikum. Tanzend, trommelnd und krächzend traten über zwei Dutzend Völkerschautruppen zwischen den Wachsfiguren auf, mindestens viermal am Tag, im Durchschnitt für acht Wochen. Die Stars im Panopticum waren die sogenannten »Freaks«: Riesen und Zwerge, das stark behaarte »Affenweib Krao« und die »zusammengewachsenen Schwestern Blazeck«.

Die Schaulust der Menschen bediente nebenan auch ein Anatomie-Museum mit in Spiritus konservierten Präparaten. Und das Kaiser-Panorama präsentierte Bilder aus aller Welt. Doch die neue Kinowelt faszinierte die Berliner und ihre Gäste immer mehr. »Castans Panopticum« aber ging Anfang der 1920er Jahre in Konkurs und seine Sammlung wurde nach Dänemark versteigert. Einzelne Wachsfiguren tauchten in Berlin auf Oktoberfesten auf, viele standen noch im 1972 eröffneten Kudamm-Eck, bevor man es 1996 abriss. Das Panopticum sollte lange Zeit nicht weit entfernt an der Joachimsthaler Straße wiedereröffnen. Inzwischen hatte aber »Madame Tussaud's« am Boulevard Unter den Linden eröffnet. Die Sammlung zog letztendlich 2013 in das Stadthaus Mannheim, wo sie wegen Mietschulden bereits nach einem Jahr wieder schloss. Die historischen Wachse und Gipse wurden anschließend verkauft und die Sammlung als Ganzes ging verloren.

⊙ Friedrichstraße 158–164 (heute Standort Hotel Westin Grand) und 165 (früheres Pschorr-Bräuhaus), 10117 Berlin-Mitte

· ·

Hergeschoben
Deutschlands einzige innerstädtische Düne

Eine Tankstelle, ein Geschäftshaus und ein paar Mehrfamilienhäuser: Die Gegend zwischen Kurt-Schumacher-Damm und Scharnweberstraße wirkt alles andere als naturnah. Dabei verbirgt sich hier die letzte innerstädtische Eiszeitdüne Deutschlands. Sie existiert seit etwa 10 000 Jahren und liegt auf dem Gebiet des Schul-Umwelt-Zentrums Mitte in der Scharnweberstraße 159. Auch die Rehberge gehören zur Dünenlandschaft des sogenannten Warschauer Urstromtals, sind aber nicht mehr im Originalzustand erhalten. Am Ende der sogenannten Würmeiszeit war es 10 Grad kälter als heute. Die Vegetation war spärlich, es gab kaum Baumwuchs. Der ungebremste Wind konnte Sandkörner kilometerweit tragen, bis sie zu Dünen aufgeweht wurden. Nirgendwo in

Ein Stück Wüste mitten in der Stadt – die Düne im Wedding.

Deutschland gab und gibt es so viele Binnendünen wie in Brandenburg und in der näheren Umgebung Berlins. Vom 18. Jahrhundert an wurden die Dünengebiete systematisch aufgeforstet. Seit 1976 ist die Erhebung als »Naturdenkmal Düne Wedding« geschützt.

Das Gelände wurde jahrzehntelang unterschiedlich genutzt: Bis in die 1920er Jahre galt es als militärisches Übungsgelände und versorgte die Sandfuhrleute mit Material. Von 1926 bis 1929 entstand in den Rehbergen der »Volkspark Rehberge«. Zuletzt war der etwa 30 Meter hohe Hügel im Wedding stark mit nicht-einheimischen, sich selbst ansiedelnden Sträuchern und Laubbäumen bewachsen. Damit er wieder als Düne sichtbar wurde, mussten die Gehölze und auch die 40 Zentimeter dicke Humusschicht entfernt werden. Anfang 2012 wurden auf der Düne 74

Bäume gefällt (Buchen, Robinien und Birken). Unter dieser Schicht, die viele Jahre lang über der Dünenoberfläche lag, befand sich der Strand. »Der Sand ist schöner als der an der Ostsee«, sagt die Dünenpflegerin Monika Thees, aktiv in der Dünen-AG des Naturschutzbundes NABU. Sie will in einer Sisyphusarbeit die 4000 Quadratmeter Düne wieder in ihren Ursprungszustand versetzen. Ziel der Renaturierung ist es, die typische Vegetation einer am Ende der letzten großen Eiszeit entstandenen Binnendüne wiederherzustellen. Offene Sandflächen, daneben alte breitkronige Waldkiefern – so soll die Düne bald wieder aussehen.

Der freigelegte Sandboden soll mit den ursprünglichen Dünenpflanzen und Gräsern, zum Beispiel Sandthymian, besamt werden. Das verflochtene Wurzelwerk der Dünengräser ist hervorragend geeignet für trockene und heiße Flächen. Später sollen hier wieder Zauneidechsen über den weißen Sand laufen und die Grillen in den Dünengräsern zirpen. Der Bezirk will künftig verstärkt auf die Einzigartigkeit der »Düne Wedding« aufmerksam machen. Bei Exkursionen sollen den Kindern die systemischen Prozesse von Biologie, Geologie und Meteorologie sowie die Zusammenhänge mit dem Klimaschutz erklärt werden.

⊙ Scharnweberstraße 159 (Schul-Umwelt-Zentrum),
  13405 Berlin-Wedding

Tierische WG
Wo Kaninchen und Fuchs sich gute Nacht sagen

Das Bilderbuch »Die Häschenschule« schildert, was dem Häschen droht, das vom rechten Weg abkommt und sich trotz Verbots in die Büsche schlägt. Es wird Reinecke gut schmecken. In einer Berliner Wohngemeinschaft zeigt sich der Fuchs jedoch von einer ganz anderen Seite. Ausgerechnet neben dem Haus der Kulturen der Welt, in der man lernt, dass Unterschiede mitunter befruchtend sind und ein friedliches Miteinander machbar ist, teilen sich Kaninchen und Füchse einen Bau. Dieses ungewöhnliche Zusammenleben hat Derk Ehlert, der Wildtierbeauftragte des Berliner Senats, bereits 2008 entdeckt. Die Tiere würden dort schon seit Längerem ungestört zusammenleben.

Ehlert kennt den Kaninchenbau mit seinen Ein- und Ausgängen. Oft hat er beobachtet, wie die Kaninchen rein- und raushoppeln. Eines Tages aber schlüpfte aus einem Loch ganz friedlich ein Fuchs. In der Literatur ist das Zusammenleben von Jagd- und Beutetieren bekannt. Gelegentlich macht sich ein Fuchs in einem fertigen Dachsbau als Untermieter heimisch. Für ihn wäre es zuviel Arbeit, sich ein eigenes Tunnelsystem zu schaffen. Sogar ein Fuchs und eine Brandgans sollen schon unter einem Dach gelebt haben. Jeder Jäger wisse, dass es auch einen Burgfrieden zwischen Fuchs und Kaninchen gebe, sagt Ehlert. Nur wenn der Wildtierbeauftragte nachfrage, wo genau, bekomme er keine Antwort.

Warum ausgerechnet mitten in Berlin Fuchs und Kaninchen so eng zusammenrücken, ist unklar. Die räumliche Enge in der Stadt soll ein solches Zusammenleben begünstigen. Verblüffend ist die friedliche Koexistenz dennoch bei geschätzten 4000 Kaninchen in den Gärten, Wäldern und Parks der Hauptstadt – und rund 3000 Füchsen. Die Füchsin bezieht den Kaninchenbau, um hier ihre Jungen aufzuziehen. Sie aber hat offenbar Folgendes nie gelernt: Wie gut Kaninchen schmecken. Derk Ehlert kennt das Innere des Baus nicht. Vermutlich gehen sich die beiden Tierfamilien dort aus dem Weg, sie verfügen auch über getrennte Eingänge.

Der Tod droht den Kaninchen übrigens eher aus der Luft: Frühmorgens macht ein Falkner mit Habicht und Hund Jagd auf sie. Der Tiergarten besitzt eine große Population an Kaninchen. Sie werden gejagt, damit sich die von ihnen angerichteten Schäden an den Pflanzen in Grenzen halten.

⊙ John-Foster-Dulles-Allee, die Rasenfläche gegenüber vom Zeltenplatz, 10557 Berlin-Tiergarten

· ·

Sarglager
Die Gruft unter der Parochialkirche

Die Parochialkirche in der Klosterstraße 66/67 gehört zur Evangelischen Kirchengemeinde Marien und wurde von 1695 bis 1705 erbaut. Besonders und selten ist die im Keller befindliche größte deutsche Gruft. Zwischen 1703 und 1878 wurden in den 30 Gewölben 560 Personen beigesetzt. Die Belüftung über Fenster und Öffnungen zwischen den Kammern sorgte dafür, dass die meisten Körper nicht verwesten. Heute ruhen unter der Kirche noch etwa 90

Dicht an dicht stehen die Särge in der größten deutschen Grabkammer an der Klosterstraße.

Mumien. Die Mitglieder der reformierten Gemeinde kamen meist als Glaubensflüchtlinge nach Berlin. Schnell stiegen sie zu Amtsträgern am Königshof auf: Vom Hofbäcker bis zum Wirklich Geheimen Rat liegen hier alle, die dem Regenten dienten. Jahrelang war es relativ einfach, in die dunklen Kirchenräume hinabzusteigen. Leichenfledderer suchten Schmuck und andere Grabbeigaben, Medizinstudenten rissen 25 Toten den Schädel ab. Einige zeigten Reue, setzten aber bei der Rückgabe den Kopf auf die falschen Schultern. Die Gemeinde hat Anfang der 1970er Jahre alle Mumien in einer Grabkammer gestapelt und die Gruft zugemauert.

In den 1990er Jahren gab es Pläne, die Gruft für eine Weinstube oder Toilettenanlage nebst Garderobe zu räumen. Danach begannen Wissenschaftler in Spezialanzug und

Gummihandschuhen, die rund 120 Särge zu untersuchen. Die 31 noch geschlossenen Holzkisten waren tabu. In einigen bereits geöffneten Särgen lagen inzwischen bis zu sieben Körper beisammen. Nur 52 Mumien konnten noch als mehr oder minder komplett gelten. Unter einem Sargdeckel lag eine Katze, die irgendwann ihre letzte Zuflucht bei einem 1715 verstorbenen Münzkommissar genommen hatte. Auch sie war inzwischen mumifiziert.

Für das Publikum ist die Gruft nur selten zugänglich. Vor der keimhaltigen, gesundheitsgefährdenden Luft wird vor Betreten gewarnt. Wo aber sind die restlichen Särge geblieben? Die hohe Belegungszahl der Gruft erklärt sich mit der früheren Kirchenpraxis. Trotz der Ewigkeitsklausel wurden Kammern und Stellplätze mehrfach verkauft, wenn Angehörige nicht widersprachen. Die Särge wurden dann auf dem Friedhof hinter der Parochialkirche bestattet. Er ist der einzige heute noch erhaltene innerhalb der mittelalterlichen Stadtmauer Berlins.

⊙ Klosterstraße 67, 10179 Berlin-Mitte

· ·

Viel Theater
Die erste Hausbesetzung

In den letzten drei Jahrzehnten des 20. Jahrhunderts wurden in West-Berlin zahlreiche Häuser besetzt. Die Hausbesetzer-Bewegung wurde vor allem ab 1979 und in den 1980er Jahren aktiv. Hintergrund war die Politik des Senats mit einem flächendeckenden Abriss von Altbauquartieren mit anschließendem Neubau vor allem in Kreuzberg. Im Februar 1981 begann eine regelrechte »Besetzungswelle«. Wann aber fand die allererste Hausbesetzung in West-Berlin statt? Sie ereignete sich ganz woanders, nämlich in Reinickendorf, im Märkischen Viertel. 1969 zogen mehrere Gruppen der Studentenbewegung in diese Großsiedlung. Sie ließen sie bis 1973/74 zu einem permanenten Streitpunkt in der Berliner Öffentlichkeit werden. Am 1. Mai 1970, dem Tag der Arbeit, besetzten rund 100 Leute ein leer stehendes Fabrikgebäude in der Königshorster Straße, um es als Jugendheim zu nutzen. Die Polizei hat sie noch am selben Tag mit einem Schlagstockeinsatz geräumt.

Zwischen 1964 und 1974 wurde das Märkische Viertel für 50 000 Menschen mit schlechter Verkehrsanbindung erbaut. Kinderreiche Familien, Arbeiter mit niedrigem Einkommen und sogenannte Umsetzmieter aus Sanierungsgebieten zogen hierhin. Allerdings lag die Miete um das Zwei- bis Dreifache höher, die Wege zur Arbeit und zum Einkaufen waren lang. Die mangelhafte soziale Infrastruktur der Siedlung, vor allem das Fehlen von Spielplätzen und Kitas sowie fortwährende Mieterhöhungen führten zu Protesten.

Der allerersten Hausbesetzung in Berlin ging ein Auftritt des »Hoffmann Comic Theaters« voraus, das von Gert Möbius, dem Bruder von Rio Reiser, gegründet worden war. Der Sänger der Band »Ton Steine Scherben« wiederum begleitete die Hausbesetzer-Bewegung mit Slogans wie »Macht kaputt was euch kaputt macht«. Das Theaterensemble spielte fast ausschließlich unter freiem Himmel, auf Marktplätzen, in Burghöfen, am Stadtrand und auf Kirmesplätzen. Es verstand sich als politisches Theater, das in aktuellen gesellschaftlichen Kämpfen und Auseinandersetzungen intervenierte. Das »Hoffmann Comic Theater« stellte auf dem Platz des Einkaufszentrums in einem Improvisationsstück die Misere des Märkischen Viertels dar. Seine Besucher hatten zuvor den Bezirk dazu aufgefordert, für etwa 5 000 Jugendliche Freizeiträume bereitzustellen. Am 1. Mai lief das von ihnen gesetzte Ultimatum ab. Stattdessen kündigte das kommunale Wohnungsunternehmen GEWOBAU, die Bauherrin des Märkischen Viertels, dem Schülerladen die Räume.

Im Anschluss an die letzte Szene des Theaterstücks, in dem es um die Schließung des Schülerladens ging, beschlossen die Zuschauer, symbolisch ein leer stehendes Haus zu besetzen. Sie wollten »auf die maßlose Profitgier der GESOBAU, die nur teure Mietwohnungen und keine Jugendhäuser baut«, aufmerksam machen. Das anvisierte Haus war aber bereits von Polizisten umstellt. Daraufhin wählte und besetzte man ein Fabrikgebäude, das als Freizeitraum schon einmal zugesagt worden war. Polizisten umstellten daraufhin auch dieses Gebäude und schlugen die Tür ein. Ungefähr 30 Polizisten droschen mit Gummiknüppeln auf die im Kreis Sitzenden ein.

Anschließend wurde jahrelang verhandelt, ehe das frühere Fabrikgebäude als »Kinder- und Jugendhalle Märkisches Viertel« unter dem Dach der Naturfreundejugend legalisiert wurde. Es besteht noch heute. Die Einrichtung, eröffnet im Oktober 1974, bietet auf 1 100 Quadratmetern Sport-, Kunst- und Theateraktivitäten. Erst ein gutes Jahr später, im Juli 1971, kam es in Kreuzberg zu ersten Hausbesetzungen: Nach einem Konzert von »Ton Steine Scherben« wurden zwei Etagen eines Fabrikgebäudes am Mariannenplatz 13 besetzt. Am 8. Dezember folgte die Besetzung des ehemaligen Schwesternwohnheims des Bethanien-Krankenhauses am Mariannenplatz 1A (heute Georg-von-Rauch-Haus, auch ein Jugend- und Kulturzentrum).

⊙ Königshorster Straße 1–9, 13439 Berlin-Reinickendorf

Abgehoben
Skispringen in Berlin

Schon in den 1920er Jahren gingen tollkühne Männer in Berlin über die Schanzen, und das obwohl Berlin eigentlich flach wie eine Scheibe ist. Die erste Sprungschanze stand bei Onkel Toms Hütte, am heutigen Sprungschanzenweg. Sprünge zwischen 10 und 15 Metern waren auf ihr möglich. 1932 wurde eine neue Schanze am Postfenn im Grunewald errichtet. Der Norddeutsche Skiverband veranstaltete hier ein Skispringen mit 18 Teilnehmern, bei dem Weiten von bis zu 31 Metern erreicht wurden.

Nach dem Krieg entstand aus Trümmern der Teufelsberg, mit 115 Metern der höchste Berg in Berlin. 1955 wurde auf ihm eine kleine Schanze eröffnet, 1962 eine große, die man später noch erweiterte. Der Sprungrekord lag hier bei 61 Metern. Die Anlage verfügte über einen Lift, eine Kunstschnee- und eine Flutlichtanlage. Mit Georg Thoma ging hier sogar ein Olympiasieger an den Start. Etwa 5000 bis 7000 Zuschauer verfolgten zu dieser Zeit die Wettbewerbe.

Doch schon 1970 kam das Aus für das Skispringen in Berlin. Es gab schon damals immer weniger Schnee, außer-

Gibt's nicht, gibt's nicht in Berlin. Selbst Skispringen ist möglich, zumindest für ein paar Hüpfer in den 1960er Jahren hat es gereicht.

dem kaum noch sportlichen Nachwuchs. 1999 ließ der Senat die Schanzenanlage abreißen. Erst 2003 wurde wieder ein Skispringen in Berlin veranstaltet – und dann gleich ein internationales direkt am Brandenburger Tor. Der Fernsehsender RTL und der Deutsche Skiverband eröffneten die Wintersportsaison auf einer 13 Meter hohen Schanze, für die Kunstschnee aus Senftenberg herangekarrt wurde. Das Berliner Publikum zeigte sich jedoch wenig interessiert: Lediglich rund 400 Menschen standen auf der Straße des 17. Juni. Sven Hannawald, der Meisterspringer, war auch da, gab aber nur Interviews. Wäre er gesprungen, wäre er wahrscheinlich vor dem Sowjetischen Ehrenmal gelandet.

⊙ Teufelsseechaussee (Teufelsberg), 14193 Berlin-Grunewald

Hackepeter
Mett aus dem »Milljöh«

Der Begriff »Hackepeter« wurde angeblich erstmals 1903
in der »Schankstube Martin« an der Landsberger Allee 123
verwendet. In Friedrichshain zerhackte der Fleischermeis-
ter Eduard Martin gegenüber vom Städtischen Viehhof
Schweinefleisch. Das Hackfleisch (Mett) aßen seine Gäste
roh auf Brötchen oder Brot und nicht wie zuvor in eine
Wurst gepresst. Martin drehte zwei Drittel mageres und
ein Drittel fettes Fleisch durch und mischte sie. Den Mix
würzte er mit viel Salz und Pfeffer, streute Zwiebeln und
eine Gurke darüber. Er hatte damit so großen Erfolg, dass
er sogar ein Restaurant nach dieser Speise benannte. Bis
1906 bestand seine Gaststätte an der Ecke Deutsch-Kro-
ner-Straße zwischen der Ringbahn und der Thorner Straße
(heute Conrad-Blenkle-Straße). Zuvor waren dort Baustellen und ein Holzplatz gewesen, heute befinden sich hier die
Schwimm- und Sprunghalle im Eurosportpark (SSE) und
das Velodrom.

Woher Eduard Martin den »Peter« nahm, ist nicht über-
liefert. Möglich, dass er damals noch Petersilie als Gewürz
verwendete. Gewürze waren früher sehr teuer und das einzige Gewürz (außer Salz), das sich die Menschen vor allem
im Mittelalter leisten konnten, war Petersilie. Es wäre aber
auch vorstellbar, dass er schlicht Mitleid mit dem Gehack-
ten hatte: »Peter« war ein gängiger Ausdruck für etwas oder
jemanden, dem das Schicksal übel mitspielt, der irgendwie
»arm dran« war. Der »Wackelpeter«, also die Götterspeise,
ist zum ewigen Zappeln und Wackeln verdammt. Der »Zie-

genpeter« ist ein anderes Wort für Mumps – und wer diese Krankheit hat, ist unbestritten auch »arm dran«.

In den Jahren 1907 bis 1914 befand sich Martins Gaststätte in der Spandauer Vorstadt, in der Münzstraße 23 an der Ecke Grenadierstraße (heute Almstadtstraße). Die lange Straßenfront des Gebäudes (1893) in Neorenaissanceformen aus rotem Klinker und Sandstein wirkt auch heute noch weithin sichtbar im Straßenraum. Die Münzstraße war die Straße mit den meisten Kinos und Huren. Nach dem Krieg boten Invaliden auf Krücken aus ihrem Bauchladen Kurzwaren feil. Die Münzstraße galt auch als Verbrecherstraße, »Martins Hackepeter« zählte zu den Verbrecherkaschemmen. Die Wurstmaxen wussten Bescheid im »Milljöh«, sie kannten die schweren Jungs und die leichten Mädchen. Doch sie ließen sich von der Polizei nicht als Kontaktperson missbrauchen. Der ehemalige Kriminalkommissar Ernst Engelbrecht räumte allerdings ein, dass in diesen Kaschemmen »nicht nur Verbrecher, sondern auch gelegentlich, aber nur selten und ausnahmsweise, ehrliche Arbeiter und ihre Angehörigen zu verkehren pflegen«.

1915 wechselte »Zum Original Hackepeter« in die Hausnummer 20 Ecke Kaiser-Wilhelm-Straße (bis 1919; heute Karl-Liebknecht-Straße). Anschließend meldet das Adressbuch Eduard Martin nur noch als Privatperson. Nach 1926 wird allein seine Frau Mathilde (geb. Rippguth) als Witwe genannt – der Erfinder des »Hackepeters« war offenbar verstorben.

◉ Münzstraße 23, 10178 Berlin-Mitte

Zum Rasen gebaut
Die AVUS

Wer morgens im Stau auf der AVUS steht, kann es sich kaum vorstellen: Hier wurde in den 1930er Jahren Tempo 380 gefahren. Wo die AVUS zur Stadtautobahn A100 führt, begann damals die Nordkurve. Um 44 Grad geneigt und gepflastert führte sie in einem Bogen auf die AVUS zurück. Wenn die Rennfahrer wie durch eine Trommel jagten, kam ihnen immer die Angst: Wer in die Nordkurve im falschen Winkel einstieg und zu schnell war, flog über den Kurvenrand. Die vielen Unfälle brachten ihr den Namen »Mordkurve« ein. 1959 fand hier der letzte Grand Prix statt, vier Jahre später wurde die Nordkurve abgerissen. Die Tribüne und der Beobachtungsturm (heute ein Motel und Restaurant) aber stehen noch.

AVUS ist die Abkürzung für Automobil-Verkehrs-und Übungs-Straße. Sie ist rund neun Kilometer lang und führt vom ICC in Richtung Nikolassee. Zu Beginn des 20. Jahrhunderts waren die Straßen auch in Berlin noch nicht für den neuen Motorverkehr geeignet. Damals zählte die Stadt erst ca. 6 500 Fahrzeuge. Für größere Entfernungen nahm der Berliner die Eisenbahn. Die Karren und Kutschen rollten über einspurige Chausseen und Landstraßen ohne feste Fahrbahn, der Boden war allenfalls verdichtet. Die Industrie und der Autosport träumten von einer kreuzungsfreien Straße, die nur den Autos vorbehalten wäre.

Die AVUS war die erste für Autos gebaute Straße und wurde 1921 mit einem ersten Fahrzeugrennen in Betrieb genommen. Danach durfte auch die Öffentlichkeit auf die

Auch wenn hier heute nur noch Tempo 80 erlaubt ist – einst war die AVUS mit ihrer gefürchteten »Mordkurve« die schnellste Straße der Welt.

Piste, musste aber eine Maut zahlen: Die einfache Fahrt kostete zehn Reichsmark. Die AVUS erwies sich für Wettkämpfe bald als eine reichlich holprige Strecke. 1926 wurde sie für eine Zeit »aus dem Verkehr gezogen«. Der eher langweilige Parcours mit seinen Geraden wandelte sich zum Freiluftlabor für die Straßenindustrie. Sie entwickelte und erprobte aufwendige Straßenbaumaschinen (Straßenfertiger für Teerbeton- und Betonstraßenbau) an der AVUS. Man erhielt Erkenntnisse und Grundlagen, die später von den Nazis für den Autobahnbau genutzt werden sollten.

In den 1930er Jahren aber avancierte die AVUS zur schnellsten Rennstrecke der Welt. Erst 1999 verstummte hier das Motorengeheul endgültig. Auf der AVUS, der weltweit ersten Autobahn, gilt heute Tempo 80. Wer auf ihr noch Rennen fährt, erhält keinen Siegerkranz, sondern gleich drei Zuwendungen: Fahrverbot, Strafgeld und Punkte. Die frühere Zuschauertribüne wird zu einem Ausstellungs- und Veranstaltungsort umgebaut. Unter den Sitzreihen sollen moderne Büros entstehen und in der Tribünenmitte ein verglaster Veranstaltungsraum – mit Blick auf die Autobahn.

⊙ Halenseestraße 51 (Motel und Restaurant Avus),
   14055 Berlin-Wilmersdorf

Kindgerecht
Das Baumhaus auf der Fischerinsel

Die Fischerinsel ist stadthistorisch die Keimzelle Berlins. Nur sieht man inzwischen davon nichts mehr. Stattdessen wachsen Hochhäuser aus dem Boden. Die Wohnungen zählten zu DDR-Zeiten zu den begehrtesten in Ost-Berlin und auch heute noch wohnen Mieter dort gerne. Das wenige Grün zwischen den Häusern dient als Abstandshalter und Park am Wasser. Damit sich die Anwohner stärker mit ihrer Umgebung identifizieren, beschloss der Verein Kreativhaus, Experten um Vorschläge zu bitten – in diesem Fall vor allem Kinder aus der Nachbarschaft, die täglich unter den Bäumen und auf dem Rasen spielen. In einem Workshop entstanden so Zeichnungen und Modelle – die ersten Ideen für ein Baumhaus im Garten des Vereins. Es hat inzwischen einige Architekturpreise erhalten, ist aber für den Interessierten nicht leicht zu finden.

Drei Plattformen sind jeweils durch eine Treppe miteinander verbunden. Sie winden sich mit dem aufstrebenden Band der Brüstungen um den Baum herum. Die letzte Treppe ist etwas steil und man kommt mitten im Geäst des Baumes an. Für das Projekt war wichtig, dass das Haus nicht einfach nur gemütlich zwischen den Zweigen steckt. Bis zum Aussichtspunkt unter der Baumkrone bieten die Plattformen unterschiedliche Aufenthaltsbereiche, machen den Baum nutzbar und die Natur erlebbar. Zum Übernachten ist das Baumhaus weniger geeignet, denn das Dach sind die Äste und Blätter des Baumes – es ist also vor allem ein Ort zum Spielen. Das Baumhaus ist auch eher eine Baumtreppe, die sich an mehreren Stellen zu Plattformen weitet. Es steht im Garten des Vereins Kreativhaus und wurde von Legeer Architekten entworfen. »In der luftigen Höhe ist man sicher vor wilden Tieren und hat gleichzeitig seine Umgebung im Blick«, erklärt der Architekt Florian Kneer, der mit seiner Kollegin Bernita Le Gerrette die Idee umsetzte. Ein Baumhaus erfülle archaische Bedürfnisse nach Rückzug und Sicherheit. Entstanden ist es mit freiwilligen Helfern im Sommer 2012 und mit einem Budget von 5 000 Euro aus Spendengeldern.

Die Plattformen wurden in Segmenten am Boden vorgefertigt und anschließend am Baum auf maßangefertigten Auflagerringen aus Stahl montiert. So bleibt der Baum unverletzt und er kann weiter wachsen. Die vertikale Holzfassade ist tragend. Durch ihre geschwungene Form wirkt sie auch raumbildend. Und Spaß macht das Ganze auch – wenn man die Experten fragt!

⊙ Fischerinsel 3 (Garten des Kreativhauses e. V.),
10179 Berlin-Mitte

Zauberhaft
Der Märchenbrunnen

Der Friedrichshain war der erste kommunale Park Berlins. Er wurde 1848 für den dicht besiedelten Berliner Osten eröffnet. Als der Architekt Ludwig Hoffmann 1896 Stadtbaurat wurde, fand ein angedachtes Projekt bereits auf seinem Tisch: Der Haupteingang des Parks sollte nach einem Beschluss der städtischen Kunstdeputation (Kunstausschuss) mit einer zeittypischen, reich dekorierten Prunkarchitektur geschmückt werden. Hoffmann hielt den Vorschlag für »ganz ungeeignet« – und die sozialdemokratische Fraktion war derselben Meinung. Sie brachte ihn auf die Idee, mit den Märchenfiguren der Gebrüder Grimm eine Brunnenanlage für die Arbeiterkinder aus den Hinterhöfen zu planen. In den übervölkerten Arbeitervierteln gab es nur wenige Spielplätze, dafür waren viele Kinder von Typhus und Rachitis bedroht. Sie lebten in oft licht- und luftlosen Mietskasernen ohne fließendes Wasser. Für Hygiene war kein Platz. Als Hoffmann den Haupteingang besuchte, sah er am Friedrichshain viele spielende Kinder. So bemerkte der Maler Heinrich Zille über die Parks: »Auf dem Gras der Anlagen dürfen sich die Kinder nicht tummeln, erlaubt ist hinter dem Sprengwagen herzulaufen – es gibt Planschwiesen – aber die Wege sind zu weit für die kleinen Kinder.«

Für den neuen Brunnen ließ sich Ludwig Hoffmann von den barocken Wasserspielen der römischen Fürstenpaläste inspirieren. 1901 stellte er sein Projekt dem Magistrat vor, doch Kaiser Wilhelm II. untersagte dem Polizeipräsidenten, die Baugenehmigung dafür zu erteilen. Viele Künstler fürchteten seinen Geschmack. Er liebte das allzu Pompöse und bezeichnete die Werke von Käthe Kollwitz und Heinrich Zille arrogant als »Rinnsteinkunst«. Zeitungen verurteilten diese Einmischung in rein städtische Belange, auch die Stadtverordnetenversammlung ließ sich nicht beirren und nahm die Ablehnung lediglich zur Kenntnis. Es sollte jedoch noch zwölf Jahre dauern, bis der Brunnen fertiggestellt war. Schuld waren einerseits die Diskussionen, andererseits die Kosten von 700 000 Mark, denn der Kunstdeputation standen für solche Vorhaben nur 100 000 Mark im Jahr zur Verfügung.

Allerdings empfand auch Hoffman selbst seine Ideen nach einer Audienz beim Kaiser als unausgereift. Erst 1907, nach einem überarbeiteten Entwurf gemäß der kaiserlichen Wünsche, konnte mit dem Bau begonnen werden. Das Wasser sollte über vier gestufte Becken plätschern und neun Frösche das Nass aus ihren breit gezogenen Mäulern speien. Entlang der Kaskaden und auf den Beckenrändern standen zehn Märchenfiguren aus Muschelkalkstein, geschaffen von dem Bildhauer Ignatius Taschner. Weitere Skulpturen stammten von Josef Rauch und Georg Wrba. Zum 25. Jahrestag der Thronbesteigung durch Wilhelm II. wurde die Anlage am 15. Juni 1913 eröffnet.

Schon bald tummelten sich auf dem Brunnen mehr und mehr die Kinder aus den Arbeitervierteln. Sie wurden allgemein nicht länger als Erziehungsobjekte betrachtet, sondern als Geschöpfe, die Freude empfinden sollten. Die Mädchen und Jungen turnten fortan auf den Balustraden und den Beckenrändern. Oder sie zogen sich die Schuhe aus und staksten im Wasser umher. Für die Kinder war es ein Leichtes, sich mit den Brunnenfiguren zu identifizieren. Dabei zeigten ihre Gestalter auch Humor: So trägt zum Beispiel ein

Inzwischen wieder ein zauberhafter Ort – der Märchenbrunnen.

Zwerg, der auf Schneewittchens Schoß sitzt, die Gesichts-
züge des Berliner Künstlers Adolf Menzel.

Bei der Sanierung 2006/07 wurden die Originalfiguren
von Dornröschen, Schneewittchen, Rotkäppchen, soweit
noch vorhanden, eingelagert. Stattdessen hat man nach
Gipsmodellen gefertigte Kopien aufgestellt. Auch die seit
dem Krieg verschwundenen über drei Meter hohen Figuren
von Rübezahl und dem Menschenfresser sind neu entstanden.

⊙ Am Friedrichshain (Westspitze des Volksparks Friedrichshain),
   10249 Berlin-Friedrichshain

Unmut zur Lücke
Das unterbrochene Band des Bundes

Zum Band des Bundes zählen Bauten, die sich nördlich des Reichstagsgebäudes aneinanderreihen. Mit ihnen sollte das Regierungsviertel städtebaulich neu geordnet werden. Das rund 900 Meter lange Band verläuft vom Kanzlerpark (am einen Spreeufer), dem Bundeskanzleramt und Paul-Löbe-Haus (dem anderen Spreeufer) bis hin zum Marie-Elisabeth-Lüders-Haus (wiederum auf der anderen Uferseite). Doch das mittendrin geplante Bürgerforum zwischen Kanzleramt und Paul-Löbe-Haus wurde nicht realisiert. Ursprünglich sollte das Gebäudeband über eine Länge von zwei Kilometern bis zum Bahnhof Friedrichstraße in die Stadt hineinwachsen. Westlich wird es durch einen Büroneubau im Park erweitert: mit Kita, Kantine und einem erhöhten Hubschrauber-Landeplatz.

Das Bürgerforum war nach dem Entwurf der Berliner Architekten Axel Schultes und Charlotte Frank als Treffpunkt mit Cafés, Galerien und Geschäften gedacht. Es sollte für Leben im Spreebogen sorgen. So sah es der Architekten-Beitrag zum städtebaulichen Wettbewerb Anfang 1993 vor. Die Parlamentarier sollten nicht abgeschottet und die Regierungsbauten Teil des städtischen Lebens sein. Im Bürgerforum war Platz für Veranstaltungen, die Parlamentarische Gesellschaft und die Bundespressekonferenz eingeplant. Helmut Kohl wollte hier die Ausstellung »Fragen an die deutsche Geschichte« zeigen. Sie war früher im Reichstag und ist heute im Deutschen Dom am Gendarmenmarkt zu sehen. Doch bevor mit seinem Bau begonnen werden konnte, musste der Tunnel für den U-Bahnhof Bundestag fertiggestellt werden. Bei seiner Errichtung wurden bereits Bauvorleistungen für direkte Zugänge zum Bürgerforum berücksichtigt.

Der fehlende Bau bildete mit schmalen Gebäudetrakten eine Klammer und umschloss einen kleinen Platz. Durchgänge führten zum Platz der Republik und dem Park im nördlichen Spreebogen. Schon 1995 fürchtete Schultes um das Bürgerforum als »Raum für den Souverän«. Es drohe als Nebensache betrachtet zu werden, dabei sei er eigentlich das »Wichtigste«. Deshalb wollte Schultes um seine Realisierung kämpfen.

Im Bundeskanzleramt hatte der damalige Amtsinhaber Helmut Kohl ganz andere Sorgen: Er war während der Bauarbeiten unzufrieden, fürchtete, sein Dienstsitz könne nicht genügend zur Geltung kommen. Schultes widersprach Kohls Vorstellungen: »Das Kanzleramt braucht diese Überhöhung nicht, das sollte sich einreihen in die Kette der übrigen Politbauten und des Forums.« Dennoch überarbeitete Schultes seinen Plan und erhöhte das Amtsgebäude. Aber auch diese Neuplanung half nichts, das Bürgerforum blieb schließlich aus Kostengründen (200 Millionen D-Mark), wie es offiziell hieß, unverwirklicht. Die schon fertiggestellten Verbindungsgalerien im U-Bahnhof waren nun funktionslos. Das Bundeskanzleramt steht heute als Solitär in vollkommener Öde. Die seitlichen Verwaltungstrakte mit ihrer Leitplankenform waren ursprünglich als die geplante Verlängerung durch das Band des Bundes gedacht.

Als freistehendes Gebäude war nach Ansicht der Architekten nur der Reichstag vorgesehen. Beide wollten auch architektonisch die herausragende Position des Parlaments betonen. Schultes: »Jetzt liegen drei Großbauten da, ohne Bindung, wie Kühe auf der Weide.« Der frühere Vorsitzende der Baukommission des Deutschen Bundestages (CDU), Dietmar Kansy, sagte, das Bürgerforum sei nie offizielles Programm und nicht Teil der Wettbewerbsausschreibung gewesen, sondern eine Idee des Architekten Schultes. Stattdessen schuf man eine provisorische, grüne Ersatzvariante: Ein frei gegliederter Platz mit Baumreihen und einem Wasserspiel aus rhythmisch aufsteigenden Wasserwänden und mit Bänken zum Ausruhen.

Fast zur Farce gerät heute die Verkehrsführung durch das Band hindurch. Schultes hatte zwei schmale Straßen direkt vor Kanzleramt und Paul-Löbe-Haus vorgesehen. Die vor Merkels Amtssitz wurde aus Sicherheitsgründen schon anfangs gestrichen. Stattdessen war die Hauptverkehrsader über die schmale Vorfahrt des Löbe-Hauses geplant. Doch das empfand das Bundestagspräsidium plötzlich als störend. Der Hauptverkehr wird nun im Grunde »provisorisch« durch das Bürgerforum geführt. Diese noch namenlose Straße ist zuletzt zur tristen Dauerlösung ausgebaut worden.

⊙ Zwischen Willy-Brandt-Straße 1 (Bundeskanzleramt)
und Konrad-Adenauer-Straße 1 (Paul-Löbe-Haus),
10557 Berlin-Mitte

Zum Wiehern
Das Pony in der S-Bahn

S-Bahn-Chaos einmal anders: ein Pony in einem Zugwagen. Die anderen Fahrgäste schauten zwar verdutzt, aber unbeeindruckt. Das braune, langmähnige Pony stand leicht verloren in der Waggonmitte. Es guckte scheinbar traurig zu Boden. Den Vierbeiner hielt eine junge, blonde Frau am Zügel, die teilnahmslos neben ihm saß. Einige Fahrgäste machten mit ihren Handys Fotos. Auf Youtube wurde ein Video des Tiers mit über 679 000 Klicks zum viralen Hit. Der Kommentar dazu lautete: »Als ich das Pony sah, dachte ich, mir hätte jemand was in den Glühwein gemischt.« Andere schrieben später: »Früher mussten die Pferde noch die Straßenbahn ziehen – heute können sie ganz bequem hinten Platz nehmen.« Oder: »Das Pony benimmt sich ja besser als manche Menschen.« Einer brachte es schließlich auf den Punkt: »Das Besondere ist nicht das Pony, sondern dass die S-Bahn fährt.« In dem Video schieben sich Fahrgäste routiniert an dem seltsamen Fahrgast vorbei. Andere schauen überhaupt nicht auf. Warum sich wegen dem Tier auch aufregen? Es bettelt nicht oder grölt betrunken. Es steht einfach nur da, im Dezember 2012, und hält das Maul.

»Darüber kann man schmunzeln«, sagte der Bahnsprecher Burkhard Ahlert, »aber gemäß den Beförderungsbedingungen ist das natürlich nicht zugelassen.« Die Gefahr einer Sachbeschädigung oder einer Gefährdung anderer Fahrgäste sei einfach zu groß. Die Bahn (»Bitte nicht mit dem Pferd in den ersten Wagen«) informiert deshalb in solchen Fällen die zuständige Bundespolizei und die DB-Sicherheit. Hätte man

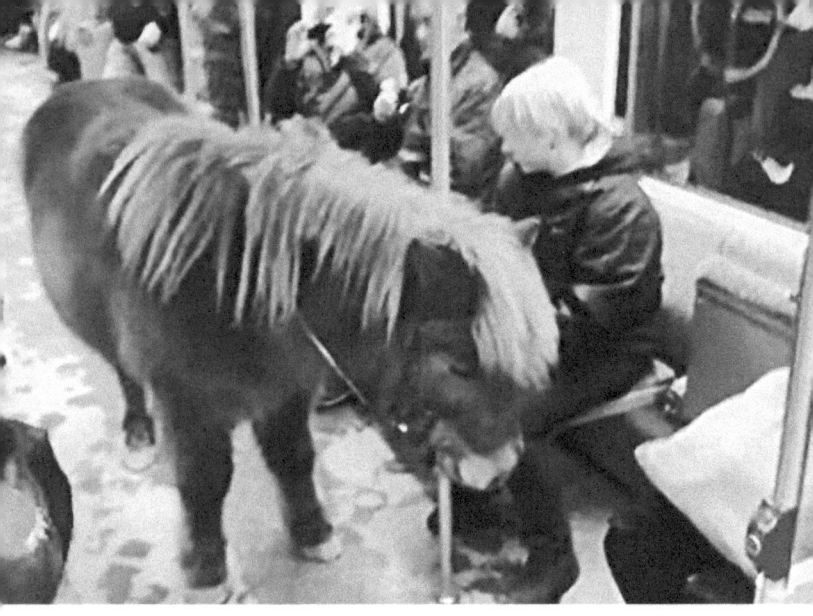

Hier steht kein Pferd auf dem Flur, sondern in der S-Bahn. Gibt's nur in Berlin ...

die Frau erwischt, wäre sie aus der Bahn geflogen und hätte ein Beförderungsverbot erhalten.

Das ungewöhnliche Gespann war am Bahnhof Gesundbrunnen in die S25 Richtung Teltow-Stadt eingestiegen und verließ den Zug am S-Bahnhof Friedrichstraße. Wie aber war es zu dem ungewöhnlichen Ausflug gekommen? Schon seit vielen Jahren kümmerte sich ein 16-jähriges Mädchen nach der Schule um Shetland-Pony »Seppi«. Und zwar auf einem Pferdehof in Pausin, zwölf Kilometer nordwestlich von Berlin. An diesem Dezember-Tag wollte sie mit »Seppi« einen Freund am nahe gelegenen S-Bahnhof Schulzendorf in Heiligensee treffen. Der aber sei nicht gekommen, erzählte Frauke. Also sei sie einfach mit dem Pony in die Bahn gestiegen. »Alle haben Fotos gemacht oder ›Seppi‹ gestreichelt. Weil es so lustig war, bin ich weitergefahren.« Es sei der aufregendste Tag in ihrem Leben gewesen, erzählte das Mädchen. Erst ging es zur Friedrichstraße, dort fuhr es mit Pony und Aufzug zum Bahnsteig der S7. Angeblich trafen die beiden einen Schaffner. »Er hat gefragt, ob das Tier ein Ticket hat. Als ich ja sagte, meinte er ›okay‹«, behauptete die Pony-Halterin.

Der Trip führte sie weiter zum Alexanderplatz, dann zum Ostbahnhof. Dort traf sie eine Freundin, beide liefen zurück zur Friedrichstraße. »Da sind wir in eine H&M-Filiale, haben eine Runde gedreht.« Als eine Verkäuferin sie nach draußen bat, konterte Frauke: »Hunde sind doch auch erlaubt!« Es ging zurück zum Alex: »Bei McDonald's im Bahnhof hab ich mir eine Cola gekauft, ›Seppi‹ stand ganz ruhig mit mir in der Schlange.« Kurz vor 19 Uhr bestiegen sie schließlich wieder die S25 in Richtung Norden. Ob das Pony je wieder S-Bahn gefahren ist? Gut möglich, nachdem Frauke mit ihm durchgegangen ist. Das nächste Mal wird es aber die Zügel fahren lassen.

⊙ S-Bahnhof Schulzendorf (bei Tegel), 13503 Berlin

• •

Gebunkert
Die Senatsreserve

In West-Berlin existierten über mehrere Jahrzehnte riesige Lager mit Lebensmitteln, Brennstoffen, Fahrrädern und Schuhen, fast allen Gütern des täglichen Bedarfs. Diese sogenannte Senatsreserve war für den Fall einer erneuten Berlin-

Blockade gedacht. Die drei Stadtkommandanten West-Berlins hatten sie in Auftrag gegeben. Eine Ausnahmesituation wie die nach der Berlin-Blockade 1948/49 sollte sich nicht wiederholen. Im Krisenfall musste der Westteil der Stadt auch ohne eine Luftbrücke am Leben erhalten werden können.

Gleich nach dem Ende der Blockade entstanden Lager für Speisesalz. Würde man es mit dem Flugzeug nach Berlin transportieren, könnte es den Bordinstrumenten schaden. Nach und nach kamen alle Grundnahrungsmittel hinzu: Getreide und Zucker, Milchpulver, Trockenkartoffeln und Hülsenfrüchte. Nach dem Arbeiteraufstand 1953 wurde die Senatsreserve deutlich aufgestockt und nach dem Mauerbau 1961 dann fast alles gehortet, was eine Millionenstadt zum Leben braucht: Kaffee und Kindernahrung, Baumaterial, Kraft- und Klebstoff. Das Überleben West-Berlins sollte so für ein halbes Jahr gesichert werden.

Die Warenbestände wurden in rund 240 Lagern und Tanks, Kühlhäusern und auf Halden untergebracht, ein großer Teil davon im Westhafen. Auch die Insel Eiswerder, der Fichtebunker in Schöneberg und die Speerplatte in Charlottenburg-Nord dienten als Depots. Der Wert der Güter betrug etwa zwei Milliarden D-Mark, die Bestandsliste umfasste 16 Seiten. Genaue Angaben gab es nicht, denn die »Aktion Eichhörnchen« war geheim. Der potenzielle Feind sollte eben keine Informationen erhalten. Die Bundesdruckerei stellte für eine neue Blockade präventiv Lebensmittelmarken und Bezugsausweise her.

Bevor das Haltbarkeitsdatum einiger Artikel ablief, wurden jährlich Güter im Wert von 250 Millionen D-Mark verkauft und durch neue Ware ersetzt. Das Dosenrindfleisch, von Berlinern nur »Senatsbüchse« genannt, war bei Hausfrauen und Studenten beliebt. Und die Berliner erfanden für das Fleisch sogar eigene Rezepte: Zum Beispiel »Moppelkotze«, ein spottbilliges Eintopfgericht aus grünen Bohnen und Rindfleisch. Die Dose Rindfleisch kostete nur 1,59 D-Mark. Eines Tages trennte sich der Senat von 45 000 Fahrrädern und 500 000 Schuhpaaren, sie waren inzwischen aus der Mode gekommen. Die Berliner erhielten die Lagerware zu einem Fünftel des Originalpreises.

1990 wurde die Senatsreserve komplett aufgelöst. Ein Großteil ging als humanitäre Hilfe in die sich auflösende Sowjetunion. Eine Ironie der Geschichte: Hatte doch die Berlin-Blockade durch die Sowjets die Senatsreserve erst verursacht. Am längsten dauerte es, die Kohlehalden in Kladow abzutragen und aufzulösen. Sie waren gerade erst aus Spandau verlegt worden und mussten nun innerhalb kurzer Zeit ein zweites Mal bewegt werden. Mit 32 000 Lkw-Fahrten wurde die Kohle im Minutentakt abgetragen, wobei der aufgewirbelte Staub die Anwohner verärgerte. Den allerletzten Lastwagen schmückten die Arbeiter am 11. August 1994 mit einer grünen Schleife. Das war das Ende der Berliner Senatsreserve.

⊙ Westhafenstr. 1 (Westhafen), 13353 Berlin-Moabit

Angemalt
Das weltgrößte Fassadengemälde

Helle Pastelltöne sind farbenfrohen Schattierungen gewichen. Malerische Häuschen, Bäume verschiedenster Art, Vögel und andere Tiere verschönern jetzt die »Platte«, den Hochhausbogen aus den 1980er Jahren. Die Wohnungsbaugenossenschaft Solidarität ließ 2013 am Tierpark in Friedrichsfelde ein riesiges Wandbild auf insgesamt rund 22 000 Quadratmetern malen, eine Fläche so groß wie drei Fußballfelder. Die Künstler arbeiteten drei Jahre an dem Bild. Es soll das größte bewohnte Wandbild der Welt sein.

Berlin ist berühmt für seine Wandbilder, 450 sind es stadtweit – viele davon sind inzwischen verblasst oder bröckeln ab. In den 1970er Jahren begannen Künstler im Auftrag der Stadt, Fassaden zu verschönern. Damit sollten die Kieze vor allem in Kreuzberg und Charlottenburg aufgewertet werden. Heute arbeiten die Wandbemaler überwiegend im Ostteil der Stadt, in Marzahn-Hellersdorf und Lichtenberg. Die Wohnungsbaugenossenschaften und -gesellschaften wollen ihre Wohnblöcke attraktiver machen. Nur sie können sich die Fassadenkunst noch leisten.

Vor Beginn der Arbeiten am Tierpark hat die Genossenschaft die Motive mit den Mietern abgestimmt. Sie sind Genossenschaftsmitglieder und so auch Miteigentümer. Die vielen exotischen Vögel schaffen einen Bezug zum Tierpark. Wer die elfgeschossige Häuserschlange entlangläuft, sieht einen nistenden Storch auf einem Schornstein, Papageien, einen fliegenden Pfau. Und ein Eichhörnchen turnt an der Fassade nach oben.

*Größenwahn war schon immer eine liebenswerte Berliner Eigenschaft –
in Friedrichsfelde hat er Wände bunt gemacht, viele Wände.*

Die beauftragten 17 Künstler zählen zu den französischen
Fassadenkünstlern »Cité Création« aus Lyon. Spezialisiert
auf große Wandbilder, sind sie seit 20 Jahren in verschiedenen Projekten u. a. in Moskau, Quebec und Peking tätig. Der
Gruppe geht es um den sozialen Aspekt, um eine Veränderung der Alltagswelt. Die Illusionsmalerei soll verschönern
und verzaubern. Die Mieter sind seit der Fertigstellung der
Arbeiten regelrecht stolz auf ihre gestalteten Häuser.

Schon von der B 1/5 kommend fallen die bunten, sanierten Plattenbauten in den Straßen Am Tierpark und Alt-Fried-
richsfelde ins Auge. Die Fassaden der WBS 70/11-Wohn-
häuser wurden dreiteilig in das sogenannte »Friedrichsfelder
Triptychon« verwandelt. Die Siedlung enthält rund 1 400
Wohnungen für etwa 3 000 Menschen und ist komplett

vermietet. Der Wohnblock sollte durch die farbigen Motive eine eigene Identität erhalten. Mit den Farben wollten die Künstler die Flächen differenzieren und die langen Hausfronten gliedern. Sie wirken nun optisch verkürzt, die Bewohner identifizieren sich eher mit »ihrem« Haus. »Mein Besuch schaut die Wand hoch und weiß, dass er mich direkt über einer Wolke im 7. Stock findet«, sagt ein Mieter. An der Giebelwand Am Tierpark 12 wurden dort lebende Menschen porträtähnlich gemalt. Wie aus dem »richtigen Leben gegriffen« sind Alltagsszenen hier wohnender Generationen dargestellt. In einem Fenster, das nur auf den zweiten Blick als gemalt zu erkennen ist, wurde der Hund einer Mieterin verewigt.

Sogar auf die Kinder der Plattenbausiedlung sind die Künstler eingegangen. Diese hatten ihnen vorgehalten: »Ihr könnt ja nur Vögel malen.« Jetzt zieren zwei im Gras liegende Rehe eine Fassade. Um zu wissen, wie viele und welche Tiere an den Fassaden kreuchen und fleuchen, rief die Wohnungsbaugenossenschaft mit einer Schule und einer Kita einen Wettbewerb aus: Wer erkennt die meisten Vögel? Das stolze Ergebnis: Auf den 30 Meter hohen Motiven tummeln sich 140 Federtiere.

⊙ Am Tierpark/Alt-Friedrichsfelde, 10315 Berlin-Lichtenberg

Wasserballett hinter Glas
Europas größte Quallenzucht

Wenn sie mit pulsierenden Schirmbewegungen durch das Wasser gleiten, wirken sie fast wie Lebewesen von einem anderen Stern. Nirgendwo lassen sich Quallen besser beobachten als im Aquarium. Die Haltung und Zucht der Medusen ist kompliziert. Im Zoo-Aquarium widmet man sich seit 1988 den hochsensiblen Geschöpfen. Inzwischen gibt es dort die größte Quallenzucht Europas. In Berlin sind mehr Quallenarten als an Nord- und Ostsee und sogar im Mittelmeer zu sehen. Und das nicht nur zur Sommerzeit. Das Aquarium hält inzwischen 33 Quallenarten mit einigen Hundert Tieren, im Durchmesser zwei bis 15 Zentimeter groß. Davon werden acht Arten, teilweise im Wechsel, im Besucherbereich gezeigt.

Nach den ersten Haltungs- und Zuchterfolgen mit Ohrenquallen kamen von befreundeten Instituten und Aquarien die Polypen weiterer Quallenarten nach Berlin. Die millimeterkleinen Nesseltierchen mit Tentakeln trafen aus Europa, Japan und den USA ein. Für die Quallenzucht muss die Umgebung sehr sauber sein, deshalb findet sie in einem speziellen Zuchtraum im Keller statt. Hier werden die Polypen der einzelnen Quallenarten in kleinen Nurglasbecken gehalten. Sie stehen jeweils zu fünft in einem Wasserbad bei konstant 13, 18 oder 24 Grad Celsius.

Strandurlauber sind an Quallen meist wenig interessiert: Sie sind glibberig und häufig kommt es zu einem eher schmerzhaften Aufeinandertreffen. Im Zoo-Aquarium aber gehören die Becken mit den verschiedenen Quallenarten zu jenen, vor denen sich die Besucher inzwischen drängen. Jellyfish (»Geleefisch«) werden sie im Englischen treffend genannt, sie bestehen zu über 90 Prozent aus Wasser. Eine gallertartige Masse befindet sich zwischen der Außen- und der Innenhaut.

Die Zucht von Quallen ist nicht gerade einfach. Männliche Tiere stoßen ihren Samen ins Wasser, die Befruchtung der weiblichen Eizellen erfolgt im Vorbeischweben. Aus den Eiern schlüpfen winzige Larven, die sich zu Polypen entwickeln. Aus ihnen entsteht durch ungeschlechtliche Fortpflanzung die nächste Quallengeneration: Sie schnüren vom eigenen Körper kleine Scheibchen ab, die innerhalb von vier bis fünf Monaten zu Quallen heranwachsen. Damit es dazu kommt und auch zu dem darauffolgenden Wachstum, muss alles stimmen: die Wassertemperatur, der Salzgehalt, das Licht, die Strömung und das Nahrungsangebot. Als weltweit einziges Aquarium erzeugt das Zoo-Aquarium selbst synthetisches Meerwasser.

Für jede Quallenart sind die äußeren Bedingungen verschieden. Da die Tiere nicht durch die Strömung gegen die Wände der Aquarien gedrückt werden können und auch keine Luftblasen unter den Schirm bekommen dürfen, sind die Becken mit durchlöchertem Acryl verkleidet, hinter dem Pumpen sitzen. Sie setzen das Wasser in Bewegung. Zuchten in Tiergärten und Aquarien sind noch selten. Die glibberigen Schönheiten aus dem Berliner Zoo-Aquarium sind deshalb auch ein Exportschlager – geliefert wird nicht nur nach Stralsund und Hamburg, sondern auch in weite Teile Europas (Valencia, Genua und Lissabon). Größter Auftrag bisher: der Transport von 600 Wurzelmund- und Ohrenquallen nach Kuwait zur Eröffnung der dortigen Tierschau.

Der Kurator des Aquariums hat an speziellen Apparaten für die Quallenzucht getüftelt. Er hat nicht nur herausgefunden, welcher Polyp es bei einer Vermehrung wie warm liebt. Er hat auch eine »Waschmaschine« gebaut. Das Gerät sorgt dafür, dass Turbulenzen oder Luftblasen bei der Zuleitung von Wasser die zarte Haut von Jungquallen nicht zerstören. Ein im Aquarium entwickelter, etwa drei Meter hoher Quallenzylinder ist 2012 patentiert worden. Da Schauaquarien heute generell an der Quallenhaltung großes Interesse haben, schuf die EUAC (Europäische Vereinigung der Aquarienkuratoren) ein Zuchtprogramm. Federführend ist hier, in Kooperation mit dem Zoo Basel, das Zoo-Aquarium Berlin. Weltweit sind bislang 135 Schauaquarien in dieses Programm integriert. Der Berliner Zoo ist – neben denen im kalifornischen Monterey sowie Enoshima und Toba in Japan – einer von vieren weltweit, die Quallen züchten. Anders als der eine oder andere Fisch bleiben die Quallen jedoch namenlos. Im Alter schrumpfen sie und zerfallen, wenn sie sterben, fast über Nacht. Dafür ist ihnen zu Lebzeiten die Bewunderung der Zoobesucher gewiss.

◉ Budapester Straße 32, 10787 Berlin-Charlottenburg

Mit Tee und Weile
Die Tadschikische Teestube

Hinter einer Tür beginnt der Orient. Aber wie kommt eine tadschikische Teestube in den Berliner Kunsthof? Die Teestube bildete 1974 auf der Leipziger Messe den Pavillon für die zentralasiatischen Republiken Usbekistan, Kasachstan und eben Tadschikistan. Nach Ende der Messe ließ man das wertvolle Stück umziehen. Ob das alles auch echt ist? Während die einen sagen, das Interieur stamme aus einer alten Teestube in Duschanbe, meinen andere, es wurde speziell für die Messe angefertigt. Vermutlich stimmt eher die zweite Version, doch beeindruckend ist es trotzdem: Die Decke besteht aus Sandelholz, 16 Träger, handgeschnitzt verziert mit Blumenmustern, und sechs Säulen voller Schnitzereien vom bauchigen Postament aufwärts. Die seidenen Kissenbezüge tragen landestypische Zackenmuster in Gelb, Grün, Weiß, Lila und Pink. Die Wandbilder zeigen Szenen aus der persischen Märchensammlung der Prinzessin hinter den sieben Bergen.

Tadschikische Teestuben sind eigentlich orientalische Restaurants, in denen die Männer auf dem Boden sitzend sich über Brettspiele beugen und Tee trinken – grünen im Sommer, schwarzen im Winter. Eine Tradition aus dem persischen Kulturkreis: Das Land ist geprägt vom Hochgebirge und der Anbindung an die Seidenstraße – daher der Zugang auch zu chinesischen Tees, denn tadschikische Tees gibt es gar nicht. Eine tadschikische Teestube soll Generationen übergreifend Menschen mit verschiedenem Geldbeutel vereinen. Serviert werden kleine Snacks wie Blinis,

*Tee und Ruhe – in der Tadschikischen Teestube gibt's von beidem reich-
lich.*

Piroggen, Soljanka im Brotlaib. Auf der Karte stehen unter
anderem russischer Rauchtee und Karawanentee, Ceylon
oder China-Rosentee, japanische und englische Tees, Kräu-
ter-, Grün- und Früchtetee. Keine weißen oder roten Sorten,
die schwierig zu machen sind, sehr fein, das Wasser darf auf
nicht mehr als 80 Grad erhitzt werden. Es wird aufgekocht,
der Tee in einer Glaskanne aufgebrüht und zum Servieren
umgefüllt. Für die russische Teezeremonie bekommt man
einen kleinen Samowar – darin kann der Tee immer wieder
aufgegossen werden.

Man muss für die Teestube Zeit mitbringen. Nur auf eine
halbe Stunde vorbeischauen, funktioniert hier nicht. Alles
dauert ein bisschen, die Tees müssen erst ziehen. Die Ver-
weildauer ist relativ hoch, als Gast verliert man das Zeitge-

fühl. Seit November 2012 befindet sich die Tadschikische Teestube im Kunsthof. Sie war eigentlich ein Geschenk für die Deutsch-Sowjetische Freundschaft, die zu DDR-Zeiten von 1959 bis 1999 im Palais am Festungsgraben ihren Sitz hatte. Dort musste die Teestube wegen Sanierungsarbeiten im April 2012 ausziehen. Immerhin gelang der Neuanfang in Rekordzeit. Dafür will man sich jetzt umso mehr Zeit lassen – und bleiben.

⊙ Oranienburger Straße 27 (im Kunsthof), 10117 Berlin-Mitte

Verkehrsgeheimnis
Warum trägt der Ampelmann Hut?

Der Ost-Ampelmann ziert heute Hunderte verschiedene Produkte. Er strahlt längst auch über Berlin hinaus: Es gibt sogar in Asien entsprechende Souvenir-Shops. Dass die Figur zum nostalgischen Symbol aufstieg, verdankt sie zwei sehr unterschiedlichen Menschen: ihrem heutigen Vermarkter, dem Produktdesigner Markus Heckhausen, und ihrem Erfinder, dem Ost-Berliner Verkehrspsychologen Karl Peglau. Anfangs stießen bei beiden zwei Weltanschauungen aufeinander: Da war der staatsgläubige Peglau, der der DDR wohlgesonnen war. Und der Schwabe Heckhausen, der nach Berlin ging, um den Ampelmann zur Marke zu machen. Dafür besuchte er Peglau, der aber von seiner Idee erst einmal überhaupt nicht begeistert war: »Stell dir das mal vor, auf einer Tasse mein Ampelmann!«

Peglau arbeitete als leitender Verkehrspsychologe im »medizinischen Dienst des Verkehrswesens der DDR«. 30 Jahre lang entwickelte er dort Symbole für den Auto- und Fußgängerverkehr. In Studien konnte er belegen, dass viele der Verkehrstoten Fußgänger waren. Damals standen auf den Kreuzungen nur Universalampeln. Fortan sollte jede Verkehrsteilnehmergruppe, auch die Fußgänger, eine eigene Ampel bekommen. Damit diese neue Ampel jedem Bürger sofort einleuchtete, ließ Peglau den Ampelmann für die rote Ampel die Arme ausbreiten wie einen Absperrbalken. Für die grüne Ampel sollte er so energisch vorwärtsschreiten, dass die Beine eine Pfeilform bildeten. Als Psychologe kannte er eine solche »emotionale Ansprache« und verpasste dem Kleinen einen »mollig-gemütlichen Körperbau mit Knollennase« (Peglau): Der Mensch vertraue am ehesten jemandem, der ihm selbst sympathisch sei oder sogar ähnele.

Die Gestaltung des Kopfes war für den Designer politisch brisant. Ein glatter Seitenscheitel? Zu faschistisch. Ein Lockenkopf? Zu südländisch. »Ein Hut!«, schlug seine Frau vor. War das aber nicht das Zeichen für den Kapitalismus? Der Hut durfte also nicht bonzenhaft wirken oder aussehen wie der Schlapphut eines Spions. »Honecker war im Fernsehen: Und er trug einen Panama-Hut!«, sagte Frau Peglau und lachte. Durch seine gedrungene Figur und den großen Kopf mit Hut besaß der Ostmann eine fast doppelt so große Leuchtfläche wie sein westliches Pendant. Dieser Ampelmann war besser erkennbar und damit auch die Frage nach der Haarpracht beantwortet. Ein Jahr später, am 13. Oktober 1961, präsentierte Peglau seinen Ampelmann dem DDR-Verkehrsministerium. Es folgten über mehrere Jahre hinweg fachliche, wissenschaftliche und staatliche Prüfungen. Der

Praxistest fand an der Kreuzung Greifswalder-/Ecke Dimitrowstraße in Prenzlauer Berg statt. Erst 1969 wurden die Ost-Ampelmännchen erstmals an der Kreuzung Friedrichstraße/Unter den Linden aufgestellt. Im Westteil der Stadt existierten Fußgängerampeln (mit dünnem Mann) bereits seit 1957.

Nach dem Mauerfall verdrängten von 1994 an die westdeutschen Ampelmänner nach und nach ihre ostdeutschen Kollegen. Peglaus Lebenswerk drohte zu verschwinden. »Viele Ostdeutsche hatten das Gefühl, dass sie ein Stück ihrer Identität verloren«, sagte der Produktdesigner Heckhausen. Es kam in der Bevölkerung zu Protesten. Der Designer konnte den Vorruheständler Peglau am Ende doch noch für eine Wiederbelebung des Ampelmanns begeistern. 1996 begann Heckhausen damit, das ostdeutsche Verkehrszeichen zu vermarkten: Es wurde zum Motiv auf Tassen, T-Shirts und Postkarten. Nur mit einem Produkt konnte Peglau sich nicht so recht anfreunden: dem Ampelmann-Bier. Denn diese Verknüpfung würde sich mit dem Thema Verkehrssicherheit nun gar nicht vertragen.

Inzwischen ist der Ost-Ampelmann vielerorts zurückgekehrt. Seit dem Jahr 2005 wird er sogar im Westen Berlins montiert. Viele Menschen sehen in ihm auch ein Stück Ostkultur, das gegen Widerstände beibehalten wird. Der Verkehrspsychologe Karl Peglau erklärte dem Bundesverkehrsminister aber: Sein Ampelmann sei einfach besser wahrnehmbar. Der Westkollege schlendere eher, als dass er schreite. Außerdem leuchte sein dünner Körper kaum.

⊙ Rosenthaler Str. 40/41 (AMPELMANN Shop in den Hackeschen Höfen), 10178 Berlin-Mitte

Girls, Girls, Girls
Die längste Kickline der Welt

Diese Frauen sind groß, denn ein Revueballett braucht lange Beine. Jeden Abend bilden die 32 Tänzerinnen des Friedrich-stadt-Palastes die längste Girlreihe (Kickline) der Welt. Sie darf in keiner Show fehlen, und immer gibt es ein Dacapo. Die längsten Beine gehen bis zu 1,20 Meter. Als die Girlreihe noch das Hauptelement der Show war, wurde auf eine einheitliche Größe und Beinlänge der Tänzerinnen geachtet. Da sie verschiedene Tanzstile beherrschen sollen, sind nicht alle Tänzerinnen 1,85 Meter groß. Und auch wenn sie alle die gleiche Choreografie tanzen, macht es jede doch auf ihre eigene Art.

Dem Tanzensemble in Europas größtem Revue-Theater gehören 60 Tänzerinnen und Tänzer aus 18 Ländern an. In den Choreografien werden nicht einzelne Stars herausgehoben, vielmehr zählt die Gruppenleistung. Wie und was hier getanzt wird, ist eine Mischung verschiedenster Tanzstile von Jazz Dance und Modern Dance über Hip-Hop und Street Dance. Grundlage bildet jedoch immer die Ausbildung und das ständige Training im klassischen Ballett. Selbiges beginnt täglich um 10 Uhr. Dann kommen die Proben für die Abendshow und die zukünftigen Produktionen. Nach einer Pause von ein, zwei Stunden beginnen gegen 17 Uhr die Vorbereitungen für die Show. Alle Tänzerinnen gehen in die Maske und lockern noch einmal ihre Körper auf. Um 20 Uhr ist Vorstellung, gegen 23 Uhr sind sie runter von der Bühne und schminken sich ab. Vor 1 Uhr, 1.30 Uhr liegt niemand im Bett.

Zwölf Tänze hat zum Beispiel die Tänzerin Nina Makogonova für die Revue »Show Me« einstudiert. Sie ist nicht nur Solotänzerin, sondern auch Zweitbesetzung. Wird jemand krank, muss sie einspringen. »Es gibt Tage, an denen proben wir sieben Stunden – in High Heels und mit zwei Kilo schwerem Kopfputz.« Tanz ist Disziplin. Selbst diejenigen, die wie Nina einige der begehrten Soli erhalten, beugen sich dem Gesetz der Synchronität. Besonders gilt dies für die Girlreihe. Eine Girlreihe gleicht nie der anderen. Jede ist vom Kostüm bis zur Schrittfolge anders.

64 Beine heben und senken, schwingen und wirbeln in militärischem Gleichschritt. Die Girlreihe wird nach Körpergröße aufgestellt. Von der Mitte ausgehend, werden die Tänzerinnen immer kleiner. Nina Makogonova mit ihren 1,75 Metern ist die Nummer zehn von außen. Mit ihren 27 Jahren zählt sie bereits zu den Seniorinnen. Wütend wird sie, wenn jemand ihren Job als Tänzerin nicht ernst nimmt. Sie seien Hochleistungssportlerinnen, Athletinnen, die bei ihrer Leistung aussehen müssen, als wäre es nichts.

Für den Neubau des Friedrichstadt-Palastes hatte der Architekt Manfred Prasser 1984 die Vorgabe, bestimmte, gerade verfügbare Stahlbinder zu verwenden. Dadurch ergab sich für die Bühne eine Breite von 24 Metern und sie wurde zur größten Theaterbühne der Welt. Als die Ballettmeisterin damals klagte, dass ihr Ballett diese Bühne nicht füllen werde, durfte sie ihr Ensemble verdoppeln.

Das Phänomen der »Girls« war vor dem Krieg in den 1920er Jahren europaweit bekannt geworden. In Revuefilmen gelangten sie auf die Kino-Leinwände. Es war die Zeit der blonden Engel. Auch auf der Bühne war man von den »Girls« begeistert. Im Pariser Lido tanzten die »Bluebell

Wer die Bühne vor lauter Beinen nicht sieht, ist im Friedrichstadt-Palast!

Girls«, die »Rockettes« in der New Yorker Radio City Music Hall. Als Kassenschlager kamen die »Tiller Girls« aus London, die ihre makellosen Beine mit geradezu preußischer Disziplin vor immer ausverkauftem Haus schwangen. Die Konkurrenz reagierte schnell: Hermann Haller im Admiralspalast und James Klein in der Komischen Oper setzten ebenfalls auf tanzende junge Frauen. Und natürlich reicht auch die große Tradition der Girlreihe im Friedrichstadt-Palast bis in die Goldenen Zwanzigerjahre zurück. Sogar Weltstar Marlene Dietrich hat sich hier einmal eingereiht – in der Charell-Revue »Von Mund zu Mund«.

⊙ Friedrichstraße 107, 10117 Berlin-Mitte

Am Ende der Welt
Die Schweizerische Botschaft

Wo sich heute Rasenflächen im Spreebogen ausweiten, befand sich bis 1945 das Alsenviertel, eine der mondänsten Wohngegenden Berlins. Nach einem königlichen Erlass von 1867 sollte hier ein neues, luxuriöses Wohnviertel entstehen. Alte Holzplätze wurden in Bauland umgewandelt, um Villen und Stadtpalais für das Großbürgertum, für Adlige, Offiziere, Unternehmer, Wissenschaftler, Bankiers und Ärzte zu errichten. Zerstört wurde das Viertel aber nicht erst im Zweiten Weltkrieg, sondern schon zu »Friedenszeiten«. Die gigantomanischen Pläne der Nazis sahen seit 1936/37 vor, Berlin bis 1950 zur »Welthauptstadt Germania« umzuwandeln.

Nach den Plänen des »Generalbauinspektors für die Reichshauptstadt Berlin«, Albert Speer, sollte auf dem Gebiet des Alsenviertels eine riesige Halle gebaut werden. Etwa 290 Meter hoch, hätte sie Platz für 150 000 bis 180 000 Menschen geboten. Wäre die »Grosse Halle« realisiert worden, hätte sich an der Stelle des Botschaftsgebäudes exakt die nördlichste Ecke des überdimensionierten Aufmarschplatzes befunden. Dem Plan standen die Stadtvillen und Häuser des Viertels zwischen dem Generalstabsgebäude und dem Reichstag im Weg. Die Grundstückseigentümer wurden 1938 kurzerhand enteignet. Den ausländischen Vertretungen bot man Ersatzgrundstücke am südlichen Rand des Tiergartens zum Tausch an. Die Dänen und Norweger zogen 1940 auch dorthin. Der Umzug der Schweizer in die Lichtensteinallee 4/Rauchstraße 15 (gegenüber dem

Neuen See) aber scheiterte. Im November 1943 wurde der noch unvollendete Neubau durch einen Bombenangriff zerstört. Über die Schweizerische Botschaft existiert aber auch die Anekdote, dass das Gebäude im Krieg durch einen engagierten Hauswart gerettet worden sei. Er soll mit dem Besen Brandbomben vom Botschaftsdach gefegt haben.

Gebaut wurde das Botschaftsgebäude, heute direkt neben dem Bundeskanzleramt gelegen, 1870/71 für den Obermedizinalrat Friedrich Theodor Frerichs. Es diente verschiedenen Privatpersonen als Stadtpalais. Sein Architekt Friedrich Hitzig war ein Schüler Karl Friedrich Schinkels. 1910/11 wurde das Haus durch Paul Baumgarten mit dem Nachbargebäude umgebaut und dabei um ein Geschoss aufgestockt. Als Gesandter kaufte Alfred von Planta 1919 das Haus für 1,7 Millionen Reichsmark für die Schweiz und ließ es wiederum leicht umbauen. Ab 1920 diente das Gebäude als Kanzlei für die Schweizer Gesandtschaft und als Residenz für den Gesandten.

Es ist das einzige Haus des Alsenviertels, das den Krieg überstanden hat. Auch bei schweren Bombardements 1943 und 1945 brannte das Botschaftsgebäude nicht aus, sondern wurde nur teilweise beschädigt. Die Rote Armee kam am 28. April 1945 über den Spreebogen. Die 150. Division richtete im Botschaftsgebäude ihr Hauptquartier ein und bereitete den Angriff auf den nahegelegenen Reichstag vor, der von dort aus auch geleitet wurde. Die letzten Schweizer Diplomaten sperrte man fast zwei Wochen in den fensterlosen gekachelten Botschaftskeller. Danach wurden sie in Richtung Moskau abgeführt.

Nach dem Krieg bezog die sogenannte schweizerische Heimschaffungsdelegation das Haus. In ihrer Nachfolge arbeitete hier seit 1949 die Schweizerische Delegation. Als die Mauer noch stand, unterhielt die Schweiz seit 1973 eine Vertretung in Pankow. In dem Gebäude im Spreebogen befand sich das Schweizerische Generalkonsulat für West-Berlin, das der Bonner Botschaft unterstellt war. Bereits seit 1920 bestand in der Bundesrepublik im Raum Köln/Bonn ein Generalkonsulat, seit 1957 eine Botschaft.

Eigentlich hatte die Schweiz die Immobilie in West-Berlin längst verkaufen wollen, ließ sich damit aber Zeit. Leicht war ein solcher Verkauf nicht, denn vor dem Mauerfall war hinter dem Reichstag der Westen »zu Ende«. Niemand wollte dort eine Immobilie erwerben, nicht einmal der Berliner Senat. Inzwischen liegt die Botschaft wieder im Zentrum der Macht und dem historischen Stadtpalais wurde seit 2000 ein moderner Anbau zur Seite gestellt, entworfen von den Schweizer Architekten Diener & Diener.

⊙ Otto-von-Bismarck-Allee 4a, 10557 Berlin-Tiergarten

• •

Lichter quer
Die erste Verkehrsampel Berlins

Der Potsdamer Platz war in den 1920er Jahren der verkehrsreichste Platz Europas. Täglich passierten 20 000 Autos, S- und U-Bahn, 40 Straßenbahn- und Buslinien und rund 100 000 Fußgänger den Platz. Deshalb stellte man 1924 eine Verkehrsampel auf, einen 8,50 Meter hohen fünfeckigen Turm. Am Anfang wurde diese Ampel noch von Hand

*Die erste ihrer Art in Europa und heute sicher die einzige in der
Horizontalen: die Ampel auf dem Potsdamer Platz.*

bedient. Ein Polizist beobachtete dabei den Verkehr und
schaltete die Signale. Die Farben Rot, Gelb und Grün waren
damals noch horizontal angebracht. Erst in den 1930er Jahren setzte sich langsam die senkrechte Anordnung der Lichtsignale durch.

Die Ampel auf dem Potsdamer Platz ist die erste Berlins.
Sie ist nicht (wie oft fälschlicherweise behauptet) die erste
Europas. Die stand 1922 in Paris, die erste Deutschlands im
selben Jahr in Hamburg auf dem Stephansplatz. Beide wurden allerdings noch mechanisch gesteuert. Die Lichtsignal-
anlagen setzten sich allgemein in den 1920er Jahren zuerst
in den Großstädten, so auch in Berlin, durch.

Fünf Hauptstraßen trafen am Potsdamer Platz aufeinander. Auch vom Bahnhof eilten die Menschen in die Stadt

hinein und versuchten, auf die andere Platzseite zu kommen. Ein Sipo (Sicherheitspolizist) versuchte zunächst, mit seinen Armen den Verkehr zu regeln. Am Ende waren es zehn Verkehrspolizisten, die sich mit Hupen und Klingeln verständigten und den Verkehr bändigten. »Da der Verkehrsposten von der Mitte des Platzes aus das Gewimmel nicht mehr überblicken konnte, wurde er hochgehoben und in einen Turm gestellt, der hier errichtet wurde und beinahe wie ein kleiner Leuchtturm aussieht.« So erklärte ein 1926 erschienenes Schullesheft den Kindern die jüngste Sehenswürdigkeit Berlins.

Den Verkehrsturm hatte man aus den USA importiert. Als Signalfarben wurden Rot und Grün bereits zur großen Zeit der Eisenbahn verwendet. Genau wie Weiß (»Achtung!«) – denn mit den damaligen Gaslampen konnte man noch kein zuverlässiges Gelb erzeugen. Für die ersten Ampeln wurden das Rot und Grün einfach übernommen. Den Polizisten hoch oben nannten die Berliner den »Kieker-Mann«. Und sie reimten: »Seht, da steht der Kieker-Mann! – Was der alles leisten kann! Mit dem Farbspiel Gelb, Rot, Grün, – Läßt er stehn, und gehn, und ziehn. Menschen, Wagen, wie das klappt – Alles geht mit ihm im Takt. Dieser Kieker-Mann, Berlin, – Der da stehn läßt, gehn läßt, ziehn. Ist die Kiekerschaft verliehn, – Von der Reichshauptstadt Berlin! Für die Ordnung! Disziplin!«

Man konnte durch die fünfeckige Anlage des Verkehrsturms von jeder der fünf Straßen die Lichtsignale sehen. Auf Dauer aber war allein durch den Turm das Gedränge am Potsdamer Platz nicht zu regeln. Deshalb wollten Verkehrsplaner den Platz radikal umbauen. So schlug der Bauhauslehrer Marcel Breuer eine Art Autobahnkleeblatt vor, mit dem die Wagenströme kreuzungsfrei verteilt werden sollten. Für die Fußgänger waren Unterführungen vorgesehen, sie hätten den rollenden Verkehr nicht mehr kreuzen müssen. Die Wirtschaftskrise der frühen 1930er Jahre und später der Weltkrieg sorgten dafür, dass diese Pläne nicht realisiert wurden. 1936 wurde die Ampelanlage wegen Bauarbeiten wieder demontiert.

Seit 1945 verlief mitten über den Potsdamer Platz die Sektorengrenze. Später sorgte die Mauer für eine vollkommene Verkehrsberuhigung. Nach der Wiedervereinigung wurde am Potsdamer Platz ein neues Stadtquartier gebaut. 1997 stellte man den Verkehrsturm nachgebaut neben die große Kreuzung. Dort bewältigt allerdings eine ganz normale Ampelanlage den nun wieder stetig wachsenden Autoverkehr.

⊙ Potsdamer Platz, 10785 Berlin-Mitte

• •

Eingewandert
Sumpfkrebse im Tiergarten

Die roten Krustentiere fressen alles, was ihnen vor die auffälligen Scheren kommt: von Schnecken über Regenwürmer bis zu Artgenossen. Aber die Zahl der eingeschleppten, amerikanischen Sumpfkrebse im Tiergarten und Britzer Garten soll dezimiert werden. Von April bis November dauere die Fangsaison, sagt der Wildtierexperte der Umweltverwaltung, Derk Ehlert. 2018 wurden allein in den beiden Parks fast 39 000 Tiere mit Reusen von einem Spandauer Fischer gefangen und zum Verzehr verkauft. Langsam zeichnet sich ein Rückgang des Bestands ab.

Als Exoten in der Berliner Natur sind sie vermutlich Nachkommen von Sumpfkrebsen, die in Aquarien gehalten und ausgesetzt wurden. Man könne die Tiere nicht einfangen und woanders aussetzen, sagt Ehlert. Der Sumpfkrebs gilt als Gefahr für heimische Arten und Ökosysteme, seine Ausbreitung soll verhindert werden. Er kann die Fischbestände reduzieren und andere Tiere verdrängen. »Die Bestände gilt es zu schützen«, sagt Derk Ehlert. Der Sumpfkrebs ernährt sich von Fischlaich, Lurchen, Kaulquappen oder Insektenlarven. Die Krustentiere haben kaum Fressfeinde und können sich schnell vermehren.

Seine Verbreitung geschah bis 2017 weitestgehend unbemerkt. Dann aber wurden die auffälligen Krebse auf Straßen und Wegen am Tiergarten gesichtet, offenbar auf der Suche nach neuen Gewässern. Beim Berliner Naturschutzbund häuften sich skurrile Meldungen über »Skorpione« oder »Garnelen« auf dem Asphalt. Die milden Winter der vergangenen Jahre hatten die rapide Vermehrung der Tiere verursacht, und aufgrund der vielen Regenfälle im Sommer kamen sie dann aus ihren Verstecken. Bei einer ersten Fangaktion gingen fast 4 000 Sumpfkrebse ins Netz.

Ihre Heimat ist eigentlich der Süden der Vereinigten Staaten und Nordmexiko. Aufgrund ihrer schönen Färbung und der imposanten Scheren sind sie als Exoten im Aquarium beliebt. Während die Tiere in ihrer natürlichen Umgebung etwa zwei Jahre alt werden, leben sie in Aquarien teils länger als fünf Jahre. Allerdings entsorgen manche Besitzer diese in Gewässern.

Ob die Sumpfkrebse je vollkommen aus der Stadtnatur wieder verschwinden, ist fraglich: Es müsste nur ein einzelnes Weibchen mit Eiern durchkommen, damit eine neue Population entstehen kann. Ein Weibchen trägt Ehlert zufolge in unseren Gefilden mehrere Dutzend Larven bei sich. Wer aber im Tiergarten selbst mit dem Kescher sein Glück versucht, riskiert eine Geld- oder sogar eine Haftstrafe wegen Wilderei.

Inzwischen hat sich herausgestellt, dass die Tiere nicht schadstoffbelastet sind und bedenkenlos gegessen werden können. Also isst der Berliner sie auf. Die Krebse kommen auf den Teller als regionale Delikatesse, etwa unter dem Namen »Berlin Lobster« (Berliner Hummer). Sie sind etwa handtellergroß und werden in anderen Ländern auch zum Verzehr gezüchtet. An den Scheren haben sie auffällige kleine Dornen. Frisch, jedoch nicht lebend, kann man die Krustentiere direkt über den Spandauer Fischer Klaus Hidde beziehen, der sie in den beiden Parks fängt. Das Familienunternehmen will die gefangene Ware an Gastronome und Privatleute verkaufen, etwa auf Märkten.

Zubereitet finden sie sich auf den Speisekarten mehrerer Restaurants (Auswahl):
Mrs. Robinson, Pappelallee 29, 10437 Berlin-Prenzlauer Berg;
Pauly Saal, Auguststr. 11, 10117 Berlin-Mitte;
Fisch Frank, Charlottenstr. 7, 13597 Berlin-Spandau.
Oder direkt bei Klaus Hidde (nach vorheriger Terminvereinbarung, Tel. 0152 / 53 47 24 77).

Deutschlands erster Unterwassertunnel
Der Spreetunnel

Der Spreetunnel war der erste Unterwassertunnel Deutschlands und der erste, der im Schildvortrieb errichtet wurde. Die AEG wollte ihn zunächst von 1895 bis 1899 als U-Bahn-Probetunnel bauen – also noch weit vor dem Alten Elbtunnel in Hamburg, der 1911 eingeweiht wurde. Die damalige Gemeinde Stralau stimmte dem Bau jedoch nur zu, wenn er für den Straßenbahnbetrieb geeignet sei – die erste U-Bahn in Berlin entstand erst 1902.

Durch den Tunnel fuhr von Stralau nach Alt-Treptow die sogenannte Knüppelbahn. Er bestand zwischen der Tunnelstraße auf der Halbinsel Stralau und dem heutigen Bereich Alt-Treptow/Puschkinallee im Treptower Park (Park am Spreetunnel). Die Tunnelstraße hat kurz vor ihrem Ende eine Mittelinsel: Hier führten die Tramschienen in die Unterführung. Unterirdisch bogen sie scharf nach rechts ab, genau auf die Spree zu. Mit dieser Probestrecke wollte ein Konsortium von AEG und Siemens & Halske beweisen, dass sich auch im Berliner Urstromtal der Spree U-Bahnlinien errichten ließen – trotz Schwemmsand, hohem Grundwasserspiegel und Moorinseln im Boden.

Die Tunnelstrecke war 454 Meter lang. Ihr Scheitelpunkt lag in zwölf Metern Tiefe unter der an dieser Stelle 195 Meter breiten Spree. Eine drei Meter starke Sandschicht sicherte die Decke vor Havarien mit Schiffen oder auch einem Ankerwurf. Die kreisförmige, im Inneren vier Meter breite Tunnelröhre wurde aus ringförmigen Einzelteilen zusammengefügt. Um das Eisen des Tunnelmantels vor Rost

Fahrt durch den Spreetunnel. Nein, das Bild ist nicht gestellt, nur colla-giert. Ja, dem Künstler geht es gut.

zu schützen, war die Röhrenaußenseite mit Zementmörtel überzogen. Ursprünglich sollte der Unterwassertunnel zur Treptower Gewerbeausstellung 1896 fertig sein, doch der ständig nachrutschende Schwemmsand verzögerte die Bauarbeiten. Lediglich ein 160 Meter langer Tunnelabschnitt konnte schon zu Fuß besichtigt werden. Die Gewerbeausstellung war eine der am stärksten frequentierten Industrie-Messen der damaligen Zeit. Mit einer Verzögerung von drei Jahren wurde der Tunnel dann 1899 in Betrieb genommen. Die Wände zeigten jedoch Risse, das Spreewasser konnte in die Röhre einsickern. Nach nur vier Jahren wurde der Straßenbahnverkehr wieder eingestellt und der Spreetunnel gesperrt. Mit durchschnittlich ein bis zwei Passagieren war zuletzt auch das Fahrgastaufkommen rapide gesunken. Im

Zweiten Weltkrieg wurde der Tunnel stark beschädigt und unbrauchbar. Die Rampen schüttete man zu, der Tunnel selbst wurde 1948 geflutet.

Ein Kuriosum ergab sich dadurch, dass die Knüppelbahn eingleisig verlief. Nur der Fahrer, bei dem ein Befehlsstab (Knüppel) am Wagen hing, durfte den Tunnel durchfahren. Eine eigene Betriebsaufsicht wachte an der Tunnelausfahrt ausschließlich über die Aus- und Rückgabe des Befehlsstabes.

⊙ Treptow/Puschkinallee, 12435 Berlin-Treptow

· ·

Von West nach Ost
Die Mauerspringer

In der 28-jährigen Geschichte der Berliner Mauer versuchten immer wieder DDR-Bürger, sie hinter sich zu lassen, um in die Bundesrepublik Deutschland zu gelangen. Es gab aber auch Menschen, die sie umgekehrt von West- nach Ost-Berlin überwinden wollten. Das war wesentlich einfacher als in die andere Richtung: Die sogenannten Mauerspringer konnten Leitern an den Betonwall stellen, auf geparkte Autos klettern oder über einen der Beobachtungsposten auf die Mauer gelangen. Mindestens 410 Fälle von dieser Art der Mauerüberquerung sind bekannt, wobei es mehrere Verletzte und mindestens fünf Todesopfer gab.

Die Motive zum Mauersprung waren unterschiedlich. Häufig ging es bei den Mauerspringern um eine Wette: Viele von ihnen sprangen am Herrentag oder auch zu Silvester über die Mauer. Sie wollten ihren Freundinnen imponieren oder ihren Mut beweisen. In vielen Fällen spielte alkoholisierter Übermut eine wesentliche Rolle. Selten war der Mauersprung als ein Protest gegen die Mauer gedacht. Ein solcher Fall führte 1971 zum Tod von Dieter Beilig. Etwa 30 Meter lief er am Brandenburger Tor auf der dort verbreiterten Mauerkrone. Den DDR-Grenzposten rief er dabei zu, dass beide Teile Deutschlands vereint werden sollten. Dann sprang er auf der Ostseite hinunter und wurde von einem Offizier rücklings erschossen. Ein anderer Mauerspringer, Werner Kühl, überkletterte die Grenzsicherungsanlage. Er wollte in die DDR übersiedeln. Die Grenzsoldaten hielten ihn für einen DDR-Flüchtling und er wurde ebenfalls erschossen. In nur vier weiteren Fällen wollte der Mauerspringer tatsächlich in der DDR bleiben. Sie alle wurden aber wieder zurückgebracht.

Es gab jedoch eine Personengruppe, die tatsächlich nicht einfach einen Grenzübergang nutzen konnte und deshalb versuchte, illegal über die Mauer zu gelangen. Bei ihnen handelte es sich zu einem großen Teil um ehemalige DDR-Bürger, die das Land illegal verlassen hatten und für die nun ein Einreiseverbot galt. Sie wollten zum Beispiel nur Freunde und Familienmitglieder besuchen und überkletterten die Mauer. Dass auch psychisch Kranke über die Mauer stiegen, konnte die Staatssicherheit nicht verstehen. Sie mutmaßte, dass die Grenzgänger etwa von der feindlichen Presse oder vom Bundesnachrichtendienst geschickt wurden und protestierte heftig dagegen. Jahrelang bemühten sich die Offiziere der Staatssicherheit anschließend darum, die psychisch Kranken als Provokateure abzustempeln. Am Ende versuch-

ten sie, den US-Amerikaner und Politaktivisten John Run-
nings, einen tatsächlichen Provokateur, für geistesgestört zu
erklären.

⊙ Niederkirchener Straße, 10963 Berlin-Mitte

· ·

Knuddelig und bunt
Die Buddy Bären

Die Tierparaden in deutschen Städten an Straßen und auf
Plätzen zeigen Kunst im öffentlichen Raum. Die »Mutter«
war 1998 eine Kuh in Zürich, die Kuh-Kultur. Ein Jahr später
folgte Saarbrücken mit einem Löwen, 2001 Berlin mit dem
Buddy (»Kumpel«) Bären. Entwickelt hat ihn das Unterneh-
mer-Ehepaar Eva und Klaus Herlitz, das die Marke Herlitz in
der Papier-, Büro- und Schreibwarenbranche etabliert hatte.
Den Prototyp des Kunststoffbären entwarf der österreichische Bildhauer Roman Strobl, von dem auch der Deutsche
Filmpreis Lola stammt. Ebenso wie in anderen deutschen
Orten wurde eine für die Stadt typische Figur ausgewählt.
Erst danach wurden Künstler um Gestaltungsideen gefragt.
Unternehmen oder Privatpersonen vor Ort übernehmen
gleichzeitig als Paten die Kosten der Figuren, ihre Bemalung
und Aufstellung. Anschließend verbleiben die Skulpturen eine Zeitlang im öffentlichen Raum und werden später
an Interessierte verkauft. Der Erlös kommt entweder dem
jeweiligen Unternehmen, der Kommune oder einem Projekt
zugute.

Buddy Bär vor dem Hotel ...

Vom Berliner Buddy Bären gibt es vier verschiedene etwa zwei Meter hohe Modelle: auf allen vieren oder zwei Beinen stehend, mit Kopfstand oder sitzend. Künstler bemalen die Figuren in einem Tempelhofer Atelier. Insgesamt wurden fast 2 000 Bären aufgestellt, von denen sich über 1 600 außerhalb Berlins und Brandenburgs befinden. Mit den Buddy Bär-Aktionen werden durch Versteigerungen und andere Aktivitäten Kinderhilfsorganisationen unterstützt. Der Kreis der United Buddy Bears besteht aus mittlerweile 141 Bären. Jeder repräsentiert ein von den Vereinten Nationen akzeptiertes Land. Künstler des jeweiligen Landes übernehmen die Gestaltung. Seit 2002 reisen die United Buddy Bears um die Welt und werben für ein friedliches Zusammenleben der Völker, Religionen und Kulturen.

Die Buddy Bären sorgen aber nicht nur für Begeisterung. In der linksorientierten Tageszeitung »taz« beispielsweise forderte Claudius Prösser: »Plastepfoten hinter Gitter!« Er schrieb: »Ästhetisch sind die Glasfiberpetze eine Zumutung. Standen für die erste Garnitur noch ein paar Pinselprofis bereit, ist das Niveau längst in der Schulflur-Galerie angekommen. (…) Die dröhnend gute Laune der Tatzentruppe, das petitfourmäßig Bunte juckt im Auge. Wie Kaufhausmusik im Ohr. Und ums Kaufen geht es ja. (…) Schließlich ist es die Creme des Einzelhandels, die sich einen vor die Drehtür stellt.« Man solle »die bunte Truppe in den Zwinger am Köllnischen Park« pferchen, wo einmal Braunbären zuhause gewesen waren.

Etwas Ähnliches mag der Künstler Andreas Siekmann im Sinn gehabt haben, denn er machte mit den Plastikfiguren kurzen Prozess: Für seine Installation »Trickle Down« zerschredderte er 13 der Stadt-Skulpturen, formte daraus einen riesigen Ball und stellte ihn im westfälischen Münster aus. Er kritisiert, dass der urbane Raum durch private Unternehmen von den Figuren vereinnahmt werde. »Mittlerweile gibt es allein in Deutschland an die 600 Städte und Gemeinden, die mit ihnen ausgestattet sind.« Die Figuren und ihre Kampagnen wollten die jeweilige Stadt »branden«. Das Magazin »Zeit online« adelte Siekmann wegen seiner Kunstaktion zum »Bärentöter«. Während Dortmund die Verschredderung eines ihrer »wunderbaren Dortmunder Tiere« (geflügeltes Nashorn) durch Siekmann traurig stimmte, kam aus Berlin der Hinweis, dass man grundsätzlich die Freiheit der Kunst befürworte.

⊙ gesamtes Stadtgebiet

· ·

Gestammel mit Folgen
Der Konferenzsaal im DDR-Presseamt

Ein wesentliches Ereignis auf dem Areal des heutigen Bundesministeriums der Justiz und für Verbraucherschutz war mitauslösend für den Mauerfall: Im historischen Haus Stern befand sich das Presseamt der DDR. Das Gebäude wurde inzwischen abgerissen, an seiner Stelle steht heute ein Neubau. Am 9. November 1989 aber wurde dort die Reisefreiheit der DDR-Bürger verkündet. Damit kam es zum Mauerfall, der »weder geplant noch gewollt, sondern die unverhoffte Folge konfuser Entscheidungen« war, schrieb Hermann Rudolph im »Tagesspiegel«.

Es war 18 Uhr. Der Sekretär für Informationswesen, Günther Schabowski, eröffnete im ersten Stock eine Pressekonferenz. Er berichtete über den Verlauf der Politbürositzung vom gleichen Tag. Er war dabei nicht anwesend gewesen und hatte deshalb eine zweiseitige Verlautbarung entgegengenommen, sie aber vor der Pressekonferenz nicht gelesen. Gegen Ende der Veranstaltung, um 18.53 Uhr, stellte der Korrespondent der italienischen Nachrichtenagentur ANSA, Riccardo Ehrmann, noch eine Frage. Sie bezog sich auf den drei Tage alten Entwurf einer Reiseverordnung. Schabowski kramte aus seiner Tasche den Beschlussvorschlag des Ministerrates hervor. Der war neu und korrigierte den »alten« Entwurf. Den Augenblick, bis er den Zettel in der Hand hielt, überbrückte er mit floskelhaften, fast schon gestammelten Sätzen: »Es ist eine Abfolge von Schritten, und die Chance, also durch Erweiterung von Reisemöglichkeiten, die Chance also, durch die Legalisierung und Vereinfachung der Ausreise, die Menschen aus einer, sagen wir einmal psychischen Drucksituation zu befreien – viele dieser Schritte sind ja im Grunde genommen unüberlegt erfolgt.«

Schabowski nuschelte weiter Informationen herunter, ehe er Folgendes verkündete: Privatreisen ins Ausland könnten von DDR-Bürgern ohne Voraussetzungen beantragt werden und würden kurzfristig erteilt. Kurze Zeit herrschte atemlose Stille. Ehrmann, Auslandsjournalist mit 20-jähriger Erfahrung in der DDR, wollte es genau wissen: »Ab wann?« Andere Journalisten standen ihm bei: »Wann tritt das in Kraft?« Unsicher über den Inhalt blätterte Schabowski ratsuchend in seinen Papieren, ein Mitarbeiter half ihm.

Er ahnte nicht, dass im selben Moment der Autor der neuen Regelung im Innenministerium, Oberst Gerhard Lauter, mit dem Justizminister der DDR telefonierte. Ihm waren noch Einwände gegen einzelne Formulierungen gekommen. Rein formal war die Zustimmung noch nicht erteilt. Weil Lauter gerade telefonierte, konnte er die live im Fernsehen übertragene Pressekonferenz nicht weiter verfolgen. Schabowski beantwortete die Frage des Journalisten etwas irritiert: Nach seiner Kenntnis gelte das Inkrafttreten »sofort, unverzüglich«. Am schnellsten reagierte der Korrespondent der britischen Nachrichtenagentur Reuters. Eine Minute nach Konferenzende schickte er die erste Eilmeldung: »Ausreise über alle DDR-Grenzübergänge ab sofort möglich – Schabowski«. Die Fernsehsender verbreiteten die Nachricht sofort: zunächst, um 19 Uhr, die »Heute«-Sendung im ZDF. Erst später wurde bekannt, dass der italienische Korrespondent zuvor von einem SED-Funktionär angerufen worden war. Dieser habe ihn gebeten, die Frage nach dem Reisegesetz zu stellen. Ehrmann meinte aber, er sei nicht benutzt worden. Die Frage habe er ohnehin stellen wollen, schließlich sei das Thema in jenen Tagen heftig diskutiert worden.

Noch am selben Abend strömten die DDR-Bürger massenhaft zur Grenze nach West-Berlin. Bereits um 20.15 Uhr hatten sich an den Übergängen 80 Ausreisewillige eingefunden. Eine Stunde später waren es an der Bornholmer Straße 500 bis 1 000. Der kommandierende Generalmajor und die diensthabenden Offiziere probierten in Ost-Berlin erste »Ventillösungen«. Sie fühlten sich von ihren Vorgesetzten allein gelassen, Dienstanweisungen oder andere Informationen von oben hatten sie keine. Nacheinander ließen sie kleine Gruppen durch, ein Stempel über dem Foto sollte die Ausweise ungültig machen. Gegen 21.30 Uhr wurden auf diese Weise an der Bornholmer Straße die ersten Ostdeutschen, ohne es zu wissen, »ausgebürgert«. Nach wenigen Stunden öffneten die überforderten DDR-Grenzer ungeplant die Mauer: »Wir fluten jetzt«, hieß es.

Im Eingangsbereich des Justizministeriums erinnert eine Installation des Kasseler Künstlers Ulrich Schröder an die Pressekonferenz – der Ort des Geschehens ist nicht mehr erhalten. Das Kunstwerk ist auch von außen einsehbar. »Der Moment der Erschütterung – ausgelöst durch die Verkündung der Reisefreiheit«, heißt es, »wird durch die aus der Raumsymmetrie versetzte und angehobene schiefe Ebene symbolisiert.« Der Boden der alten Ordnung komme sozusagen aus dem Gleichgewicht. Die aufgereiht stehende Bestuhlung gerate jeden Moment ins Kippen.

⊙ Mohrenstraße 35, 10117 Berlin-Mitte

· ·

Zweimal Methusalem
Das älteste Taxi Berlins

Den Titel der ältesten Taxe der Hauptstadt teilen sich zwei Fahrzeuge: ein Mercedes 190 Dc von 1964 (mit 55 Jahren) und ein Franzose, ein Peugeot 404: Er lief 1963 vom Band. Gesteuert wird der Mercedes von dem Reinickendorfer Ralf Werner, auch er mit über 80 Jahren längst kein Youngster mehr. Das Blech ist unversehrt, der Motor läuft wie geschmiert. Dafür hat der Fahrer ein paar Auffälligkeiten: Auf dem Kopf trägt er einen Irokesen-Schnitt, an den Füßen nur Sandalen. Werner pausiert momentan, möchte aber

Einsteigen erwünscht – mit viel Platz für die Beine.

eigentlich Taxi fahren, »bis ich in die Grube gehe«. Sein elfen-
beinfarbener Untersatz besitzt einen Dieselmotor, 55 PS und
macht 140 km/h Spitze. »Nepomuk« heißt das gute Stück.
Der Name des katholischen Schutzpatrons stammt noch von
seinem Vorbesitzer. Als »NK« findet er sich auch im Kennzeichen wieder. Den Alters-Rekord ließ sich Werner von der
Taxi-Innung bestätigen, das Auto hat er sich 1990 gekauft.

Den Mercedes fuhr Werner ausschließlich in der Zeit
zwischen 20 Uhr und 2 Uhr durch die Innenstadt. Einen
Standplatz, Funk oder ein Handy kannte er nicht. Viel Liebe
hatte er auf die Innen-Ausstattung verwendet: Zur Weih-
nachtszeit brannte eine Tannenbaum-Kerze auf dem Arma-
turenbrett neben Säulentacho und Lenkradschaltung. Daneben steckten zwei rote Rosen. Auf dem Rücksitz: ein weißes
Deckchen, gehäkelt von seiner Frau, im Radio lief Klassik-

Radio. Besonders beliebt war das Taxi bei englischen und amerikanischen Touristen. Aber auch Harald Juhnke oder DJ Paul van Dyk zählten zu seinen Fahrgästen. Werner fährt seit über 50 Jahren Taxi und das in der vierten Generation. An seinen Mercedes 190 Dc lässt der gelernte Maschinenschlosser niemanden heran: »Nepomuk repariere und wasche ich noch selbst, den pflege ich wie einen guten alten Freund.« Die Fahrgäste beeindruckten die eleganten Heckflossen und die roten Polster.

Fast genauso alt wie Werners Mercedes ist Taxifahrer Matthias Zierau. Er trägt einen Vollbart, eine kleine, runde Brille und eine Schiebermütze. Zierau lenkt einen Peugeot 404 mit Namen »Louise«, einen weiteren Methusalem der Straße. Menschen am Straßenrand winken, fotografieren oder heben den Daumen. Eigentlich wollte Zierau zu Beginn der 1990er Jahre hinter dem Steuer nur sein Jurastudium finanzieren. Doch dann machte der Friedrichshainer seine Auto-Leidenschaft zum Beruf. Er kaufte 2010 für 4900 Euro Berlins ältestes Taxi mit 22000 gefahrenen Kilometer auf dem Tacho. Diese Angabe hängt aber mit dem fünfstelligen Tacho zusammen. Zierau schätzt, dass es eher schon 222000 oder 322000 Kilometer sein dürften.

Der Wagen war die ersten knapp 30 Jahre in Südfrankreich gefahren. Das milde Klima kam der Karosserie zugute. Damals war der Wagen noch graumetallicfarben. Seit März 2011 ist der Oldie als Berliner Taxi zugelassen. Denn Zierau fährt sechs, manchmal sieben Tage die Woche. Für Restaurierung und Umrüstung steckte er rund 10000 Euro in das Fahrzeug. Installiert wurde zum Beispiel eine Standheizung (der Peugeot kennt keine Klimaanlage) und auch die elfenbeinfarbene Beklebung ging ins Geld. »Die meisten Fahrgäste sind begeistert. Vielen Touristen muss ich aber erst mal erklären, dass mein Oldie kein Trabi ist.« Die bequemen Ledersitze und die Panoramascheiben machen die Taxifahrt zum Erlebnis. Die Fahrgäste merken erst beim Platznehmen, dass es im Inneren wegen der Beinfreiheit äußerst bequem ist. Aber: »Einigen Kunden fällt auf, dass ich keine Kopfstützen habe.« Probleme mit der Polizei bekommt er deshalb nicht.

☎ Matthias Zierau, 0163 / 436 75 81

· ·

Einfahrt verboten
Die erste Einbahnstraße Deutschlands

Die heute so berühmte Friedrichstraße war tatsächlich auch die erste Einbahnstraße für Automobile in Deutschland, denn sie durfte zwischen Unter den Linden und Behrenstraße nur in südliche Richtung befahren werden. Wegen des verstärkten Verkehrsaufkommens traf diese Entscheidung der Polizeipräsident von Berlin Traugott von Jagow im Jahr 1911. Der von Süden kommende Verkehr wurde auf Höhe der Behrenstraße in einem Richtungsverkehr über Behrenstraße/Charlottenstraße nach Norden geführt. Anfang des 20. Jahrhunderts hatte sich die Kreuzung Unter den Linden zur verkehrsreichsten und chaotischsten der Stadt entwickelt. Unzählige Pferdebahnen, Droschken, Kraftfahrzeuge, Handwagen, Omnibusse, Radfahrer und Fußgänger teilten sich die Straße. Montierte Ampeln oder andere ordnende Maßnahmen gab es damals noch nicht.

In Richtung Norden verengte sich die Friedrichstraße auf nur zwölf Meter. An dieser Stelle in Höhe des ehemaligen Grabens befand sich das erste Potsdamer Tor. Die Behrenstraße wurde Ende des 17. Jahrhunderts auf einem früheren Befestigungswall der Dorotheenstadt angelegt. Mit der Anlage der Friedrichstadt 1688 verlängerte man die alte Friedrichstraße nach Süden zum Rondell (Mehringplatz). Sie wurde mit 22 Metern breiter gebaut als der ältere, nördliche Teil. Das führte zu der Straßenverengung, die bis heute erhalten und sichtbar ist. Auf der Nord-Süd-Hauptgeschäftsachse verursachte sie an dieser Stelle schon früher Verkehrsstörungen. Wegen ihr wurde die 1873 eröffnete Lindenpassage oder Kaisergalerie nicht nur als eine Einkaufszeile konzipiert. Sie sollte auch den Fußgängerverkehr zwischen Behrenstraße und Unter den Linden von der Friedrichstraße in Richtung Brandenburger Tor ableiten.

Die Einrichtung einer Einbahnstraße reichte aber zur Verkehrsregulierung nicht aus. Deshalb stellte sich 1902 der erste Verkehrspolizist Preußens auf die Kreuzung. Mit Armbewegungen und einer Trillerpfeife versuchte er, für Ordnung zu sorgen. Kam nur ein Pfiff aus der Polizeipfeife, hieß dies: »Achtung!« Zwei Pfiffe bedeuteten: »Die Fahrtrichtung ist freigegeben.« Wegen des Fahrzeuglärms gab er seine Signale bald mit einer Trompete. Wenig später gab es Verstärkung: Acht Polizisten und ein Offizier traten auf, für jede Fahrspur ein Mann. Besonders schnell aber wurde damals noch nicht gefahren: Die zulässige Höchstgeschwindigkeit betrug 15 Stundenkilometer.

⊙ Friedrichstraße 158–164, 10117 Berlin-Mitte

»Suppenschüssel«
Die Granitschale im Lustgarten

Bei der Granitschale vor dem Alten Museum handelt es sich um die größte aus einem einzigen Stein gefertigte Schale der Welt. Mit ihren knapp sieben Metern Durchmesser wurde sie eine bekannte Sehenswürdigkeit Berlins – von ihren Bewohnern liebevoll-spöttisch »Suppenschüssel« genannt. Der preußische König Friedrich Wilhelm III. hatte sie 1826 bei dem Bauinspektor und Steinmetz Christian Gottlieb Cantian in Auftrag gegeben. Zunächst sollte die Granitschale in der Rotunde des Museums aufgestellt werden. Da sie am Ende größer war als geplant kam sie vor das Gebäude. Das Material der Schale war ein riesiger Findling aus rotem, südschwedischem Karlshamn-Granit. Der 700 bis 750 Tonnen schwere Findling wurde auch der Große Markgrafenstein genannt und stammte aus den Rauenschen Bergen südlich von Fürstenwalde/Spree in Brandenburg.

Im Mai 1827 wurde mit der Arbeit an der Granitschale begonnen, die ein Jahr dauerte. Zunächst wurde der Große Markengrafenstein durch zehn Winden um etwa 90 Grad gekippt. 20 Steinmetze waren mit ihm beschäftigt. Der Rohling für die Schale wurde dann im August vom größeren der beiden Markgrafensteine abgespalten. Seine Bearbeitung, der Transport und das Schleifen in Berlin verfolgten seine Bewohner mit großem Interesse. Eine 1,60 Meter dicke und 225 Tonnen schwere Steinplatte wurde am Fundort zweimal gewendet, ehe man sie drei Monate lang aushöhlte. Auf Holzrollen wurde die inzwischen 70 bis 75 Tonnen schwere Schale zur Spree transportiert. Das Ganze dauerte sechs

Die Granitschale im Lustgarten ist ein Hingucker – und ziemlich diebstahlsicher.

Wochen, da man jeden Tag nur knapp 190 Meter vorankam. Spuren der durch den Wald angelegten Transporttrasse sind auch heute noch erkennbar.

Im November 1928 erreichte die Schale Berlin. Nicht weit vom Alten Museum entfernt wurde sie in ein eigens dafür errichtetes Gebäude am Packhof (heute Standort des Bode-Museums) gebracht. Darin befand sich eine Dampfmaschine, mit deren Hilfe die Schale durch Schleifen und Polieren verrundet und auf Hochglanz geglättet wurde. Zweieinhalb Jahre dauerte die Prozedur, bis die Schale im November 1831 zunächst provisorisch aufgestellt wurde. Drei Jahre später übergab man sie schließlich an das Alte Museum.

⊙ Lustgarten (Museumsinsel), 10178 Berlin-Mitte

Trinkbar
Der Weinberg in der Landesvertretung

Seit 800 Jahren wird in Berlin Wein angebaut: In der Hauptstadt wachsen mehr als 2 000 Rebstöcke. Regelmäßig kommt es in der Stadtmitte, zwischen Potsdamer Platz und Brandenburger Tor, zur Weinlese. Wie ist das möglich? Man kennt die legendären Reben vom Kreuzberger Neroberg oder den Weinberg in Britz und hat schon von der Traubenlese am Volkspark Prenzlauer Berg gehört. Aber gibt es auch Winzer im Herzen Berlins? Ja, denn Mitarbeiter der hessischen Landesvertretung bringen auf ihrem Gelände in den Ministergärten jährlich rund 80 Kilogramm kelterreife weiße und rote Trauben ein.

Gewachsen und gereift sind die Reben auf einem kleinen Weinberg. Den hat die Forschungsanstalt für Garten- und Weinbau in Geisenheim 2007 angelegt. Ziel ist es, die verschiedenen Weinregionen Hessens – den Rheingau und die Bergstraße – in Berlin zu präsentieren. Der Weinberg wurde viele Jahre von Winzer Hannes Lewerenz aus dem weinseligen Rheingau gepflegt. Heute kümmert sich ein junger Absolvent der Geisenheimer Hochschule um die Pflege. An 159 Rebstöcken wachsen in Berlin Trauben der Sorten Riesling, Spätburgunder und St. Laurent. Sie stehen auf einer künstlich angelegten Böschung entlang eines Fußweges. Gekeltert werden die Trauben aber in Geisenheim. Etwa 90 Flaschen ergab die Ernte 2019, weniger als in früheren Jahren. Der Jahrgang 2015 zum Beispiel war mit 270 Flaschen besonders ergiebig. Im Handel war der Berliner »Rotling«, der Wein aus der Hessischen Landesvertretung, lange Zeit nicht zu kaufen. Denn die Hauptstadt gehörte damals nicht zu den 26 offiziellen deutschen Weinbaugebieten. Inzwischen haben sich die weinrechtlichen Bestimmungen geändert. Trotzdem werden die Flaschen weiter nur zu besonderen Anlässen verschenkt oder zur Verkostung angeboten.

Ob die Weine auch schmecken, ist natürlich Geschmackssache. Berlins Wein hatte seit dem Mittelalter nie den besten Ruf. Man versetzte den im kargen märkischen Sand gewachsenen Traubensaft oft mit Gewürzen, weil er so sauer war. Zahlreiche Straßennamen erinnern noch an ehemalige Weingüter. Eine berühmte Lage war der »Hohe Weinberg« nahe dem heutigen Hauptbahnhof. Er wurde 1848 abgetragen, als man den Humboldthafen anlegte. Ab Mitte des 19. Jahrhunderts geriet der Berliner Weinanbau in Vergessenheit. Erst vor rund 50 Jahren hat man wieder damit begonnen, Trauben zur Weinverarbeitung anzubauen. Gekeltert wird aber meist nicht in der Hauptstadt, sondern von Profis in Hessen, Baden und Württemberg.

⊙ In den Ministergärten 5, 10117 Berlin-Mitte

· ·

In Beton gestaltet
Der Kunstbunker von Christian Boros

Sicherer geht es nicht: Unten wird eine Kunstsammlung hinter meterdicken Betonwänden gezeigt, oben im Penthouse wohnt ihr Besitzer Christian Boros mit seiner Familie. Eine schwere Eisentür führt zu der fensterlosen Kunsthöhle. Wer

Kunst im und für den Bunker – darauf muss man erst einmal kommen.

die Schutzschleuse passiert, landet in einem verwirrenden Labyrinth aus geduckten Gängen, überraschenden Raumschächten, Emporen und spektakulären Durchblicken. Der Bunkerbau wirkt gespenstisch: Fünf Etagen dickster Stahlbeton, an einigen Stellen sind noch Aufstriche, Graffiti und Kritzeleien zu sehen, die übrigen Flächen weiß gestrichen. Der Weg hinauf führt durch ein niedriges Treppenhaus. Die Arbeiter brauchten Wochen, um das Loch für den Fahrstuhl und die Treppe in die drei Meter dicke Decke zu stemmen. Sie führt nun direkt bis vor die Penthousetür. Aus dem grob aufgemeißelten Beton schaut noch immer die Stahlbewehrung heraus.

Der Bau in der Reinhardtstraße ist in der Innenstadt der einzige noch erhaltene Bunker aus dem Zweiten Weltkrieg. Karl Bonatz baute ihn 1942, die Fassaden versehen mit Ele-

145

menten der Florentiner Renaissance. Der Hochbunker steht unter Denkmalschutz. Während der schweren Luftangriffe bot er 3 000 Personen Schutz, vor allem den Reisenden vom nahe gelegenen Bahnhof Friedrichstraße. Zeitweilig hielten sich im Bunker mehr als doppelt so viele Personen auf als eigentlich vorgesehen. Mehrfach wurde er im Krieg getroffen, aber die Bomben konnten keine Löcher in die Decke reißen. Die Rote Armee sperrte hinter die undurchdringlichen Mauern Kriegsverbrecher. In der DDR-Zeit lagerten Trocken- und Südfrüchte aus Kuba im sogenannten »Bananenbunker«. Nach dem Mauerfall fanden hier jahrelang harte Techno- und Sex-Partys statt.

Der Wuppertaler Werbefachmann und Kunstmäzen Christian Boros kaufte den Bunker 2003. Das Penthouse war gedacht als extravagante Zweitwohnung des Chefs der gleichnamigen Werbeagentur. Seine angesehene Sammlung zeitgenössischer Kunst zieht zahlreiche Besucher in die ungewöhnlichste Kunsthalle Berlins. Auf 2 100 Quadratmetern und über fünf Etagen präsentiert Boros seine Kunstwerke. Das Penthouse nimmt 470 Quadratmeter ein, allein 370 Quadratmeter messen die Dachterrassen und -gärten inklusive einem kleinen Pool. Rund 500 Quadratmeter Betondecken ließ Boros aus dem Bunker herausschlagen.

Die Fassade wurde nur gesandstrahlt und mit einer Schutzglasur versehen, zahlreiche Einschusslöcher sind weiterhin sichtbar. Das Bauamt wollte es so, der Bauherr und die Architekten waren begeistert. Einig war man sich auch bei den Innenräumen: Alle Gebrauchsspuren der Vergangenheit sollten erhalten bleiben. Hier zeichnen sich die Ränder der Bunker-Toiletten im Fußboden ab, dort die Reste der alten Lüftungsanlage und woanders ein Wandgemälde aus der

Club-Zeit. Die nur 2,30 Meter hohen Bunkerdecken sind an einigen Stellen herausgebrochen. Jahrelang sägten Arbeiter Stück um Stück mit Diamantfräsen aus dem Beton und trugen die Abbruchteile nach draußen. Um ausreichende Höhe für die Kunstwerke zu gewinnen, wurden aus 120 Kammern 80 unterschiedlich hohe Räume geschaffen, jeder von einem Künstler gestaltet. Einzelne Räume sind knapp fünf oder sogar acht Meter hoch. Bis 2007 dauerte der komplette Umbau.

Christian Boros fing mit dem Kunstsammeln nach dem Abitur an. Eines seiner ersten Stücke war ein Beuys, der längst verkauft ist. Im großen Stil machte er weiter, als er 1990 seine eigene Agentur eröffnete und bald mit Aufträgen für Compunet, Viva, Coca-Cola sowie häufig für Kulturinstitutionen viel Geld machte. Mit großem Spürsinn hat er in den frühen 1990er Jahren in London und seit der Mitte des Jahrzehnts in Berlin vor allem junge Künstler gekauft. Insgesamt über 400 Werke hat er gesammelt, vor allem Olafur Eliasson, der mystische Lichtkünstler und Kybernetiker. Von ihm besitzt Boros mehr als ein Dutzend raumgreifender Werke.

⊙ Reinhardtstraße 20, 10117 Berlin-Mitte

Schmutzige Briefe
Kaiserliche Sexparty im Jagdschloss Grunewald

Januar 1891, an einem Sonntag nach einer Schlittenfahrt: Der winterliche Ausflug fand seinen Höhepunkt in einer ordentlichen Orgie im Jagdschloss Grunewald mit gleich 15 namhaften Mitgliedern des kaiserlichen Hofes. Bis tief in die Nacht amüsierten sich die neun Männer und sechs Frauen ausgelassen unter Hirschgeweihen und vor wärmenden Kaminen. Anfangs noch bekleidet fielen mit den Gehröcken und Rüschenkleidern alle Hemmungen, die Gesellschaft erhitzte sich zunehmend. Unter den Teilnehmenden waren unter anderem der galante Prinz Friedrich Karl von Hessen, die älteste Schwester des Kaisers Charlotte von Preußen als Gastgeberin sowie Charlotte von der Decken, die Ehefrau des Grafen Friedrich von Hohenau. Mitglieder der kaiserlichen Familie vergnügten sich mit Hofbeamten und ihren Gattinnen.

Zu Gruppensex und Sex in jeder nur denkbaren Stellung, auch gleichgeschlechtlichem Verkehr soll es gekommen sein. Hiervon würde die Öffentlichkeit niemals etwas erfahren, dachten die Beteiligten. Aber einer von ihnen merkte sich die Ereignisse genau. Schon am nächsten Tag erhielten einige der hohen Herrschaften anonyme Briefe mit detaillierten Schilderungen, Pornobildern und Genital-Zeichnungen. Sie stammten von einem Mitglied des Hochadels, das aktiv beteiligt war. Anfangs sorgten die schlüpfrigen Rundschreiben nur intern für Aufregung. Später schickte der Unbekannte seine Nachrichten auch an andere Vertreter des preußischen Hochadels und lästerte darin über Hofkabalen und Sexspiele.

Nach drei Jahren wurde der Zeremonienmeister Leberecht von Kotze festgenommen. Er organisierte am Hof des Kaisers die Bälle und Empfänge für die feine Gesellschaft. Kotze galt am Hof als klatschsüchtig, ein eitler Geck, der großen Wert auf Äußeres legte, jedoch von Wilhelm II. protegiert wurde. Als die Geheimpolizei im Schreibtisch von Kotze angeblich Löschblätter mit Tintenspuren der inkriminierten Briefe fand, ließ Wilhelm ihn festnehmen und einsperren. Doch da die Orgiengäste auch nach seiner Festnahme weitere Briefe erhielten, wurde er nach drei Wochen wieder freigelassen.

Insgesamt existieren 268 Briefe zu diesem denkwürdigen Abend. Darin wird vor allem die Ehefrau des Grafen als mannstoll beschrieben. Die auffallend schöne und junge Charlotte erscheint in den Briefen als »geiles« Luder, das mit wiegenden Hüften stöhnend und seufzend auch um die Gunst des Kaisers buhle. Die Briefe schmähen sie als »stinkende Lotte« oder »Lottchen von Preußen«. Da ihr homosexueller Mann sie nur pro forma geheiratet habe, lechze die Gräfin, die »unaufgefordert die Röcke hochhebt«, danach, mit allen Prinzen »in möglichst nahe, geschlechtliche Beziehung zu treten«.

Für Lottka sei es immer ein besonderer Kitzel, »wenn es gilt, einer jungen Ehefrau den neu vermählten Gatten abspenstig zu machen«. Mit ihrer »bestrickenden Schönheit«, wie der Urheber der Briefe bemerkt, habe sie »schon namenloses Unheil angerichtet«. Natürlich sickerten rasch Gerüchte über die Briefe und das wilde Treiben im verschneiten Schloss an die Öffentlichkeit durch. Für die Berliner Zeitungen und bald auch Blätter im restlichen Deutschland waren die Eskapaden im Grunewald ein gefundenes Fressen. All das war zwar peinlich für den Hof, aber doch nicht gefährlich. Nur wenige in der Oberschicht des wilhelminischen Deutschlands glaubten an die scheinbar rigide Sexualmoral.

1996 stieß Tobias Bringmann im Geheimen Staatsarchiv Preußischer Kulturbesitz zufällig auf die Originaldokumente. Der Historiker möchte jedoch die deftigsten Passagen »aus Anstand« nicht zitieren. Er kam zu dem Ergebnis, dass hinter den Briefen Charlotte von Preußen steckte. 2010 veröffentlichte Wolfgang Wippermann in seinem Buch »Skandal im Jagdschloss Grunewald« die Briefe zum ersten Mal im Original. Die Akten in Berlin-Dahlem sind allerdings gefleddert. Fast alle Pornobilder (auf die Köpfe der Beteiligten geklebt wurden) sind verschwunden. Nur eines konnte Wippermann retten.

Wer die Briefe aber letzten Endes geschrieben hatte, bleibt unklar. Auch Wippermann meint, es spreche einiges für Charlotte. Darauf weisen grafologische Untersuchungen hin. Außerdem seien in den Briefen die weiblichen Genitalien ausführlich und auf besondere Art beschrieben. Von daher sei von einer Frau als Autorin auszugehen. Wippermann unterstellte der Herzogin auch ein Ressentiment gegen die hochgewachsene Kunstreiterin Gräfin Hohenau. Die Herzogin entstammte dem niederen Adel und verursachte mit ihrem sozialen Aufstieg Missgunst.

⊙ Hüttenweg 100, 14193 Berlin-Zehlendorf

Von A bis Z
Das Buchstabenmuseum

Buchstaben in allen Farben und Größen aus Neonröhren, Metall, Kunststoff, Holz und Gips. Jedes Exponat im Buchstabenmuseum erzählt eine Geschichte: Ein U von U-Bahn, ein M von McDonald's oder die roten Lettern AEG aus Frankfurt – mit drei Metern Höhe sind sie die größten in der Sammlung. Sie befindet sich an ihrem inzwischen vierten Standort: Von einem ehemaligen HO-Laden wechselte sie zuletzt ins Hansaviertel. Die vielen Buchstaben brauchen Platz, die Sammlung hat sich stetig vergrößert. Die Museumsleiterinnen Barbara Dechant und Anja Schulze haben insgesamt 800 Lettern zusammengetragen. Die Händlerfigur Schlemihl (»Psssst«) aus der Sesamstraße würde sich wie im Paradies fühlen: Schleicht er doch durch die Sendung, ein übergroßes, knallrotes »A«, hier ein blau leuchtendes »W« in der Innenseite seines Mantels befestigt anpreisend. Ihren Anfang nahm die Idee für das ungewöhnliche Museum mit dem Schriftzug »Autoradio Blaupunkt«. Das Hifi-Geschäft in der Stresemannstraße musste schließen, die beiden Frauen bekamen 2005 ihre ersten Buchstaben geschenkt. Aber eigentlich fing alles noch viel früher an. »Ich fand Buchstaben schon immer toll, besonders das B hat es mir angetan«, erzählt Barbara Dechant. »Bei mir geht's schon vorwiegend um die Formen und Proportionen und Schwünge. Ich fand Buchstaben schon toll, da konnte ich noch nicht lesen. Deshalb fahre ich auch gerne in Länder, wo ich die Zeichen nicht lesen kann.« Nicht zuletzt deshalb wurde sie Kommunikationsdesignerin. Dechant erklärt auch, dass es unterschiedliche Schrifttrends gibt, die von Zeit zu Zeit wechseln. In Berlin lernte die gebürtige Wienerin Anja Schulze kennen, die Leiterin der Pressestelle des Berliner Stadtmuseums.

Jeder im Freundeskreis der beiden kannte irgendwo ein Geschäft, das schließen musste, oder einen Ort, der umgebaut wurde. Schnell wurden es mehr Buchstaben. So landeten bei den beiden »Schuhe« in Schreibschrift, das Ö aus »Lichthaus Mösch«, der »Bewag«-Schriftzug, der »Filmpalast« vom Kudamm. Am Anfang lagerten die Buchstabensammlerinnen ihre Objekte noch bei sich zuhause: »Wohnzimmer, Küche, Keller, Balkon – alles stand voll«, erzählt Anja Schulze. 2008 eröffneten sie dann für zwei Jahre zum ersten Mal ein Schaudepot in der Leipziger Straße. Früher klebten sie noch Zettelchen an die Objekte, die sie haben wollten: »Wir interessieren uns für diesen Buchstaben.« Aber inzwischen ist das Museum bekannt, und die Menschen kommen von selbst.

Die Buchstaben sind auch ein Stück Stadtgeschichte: Zum Beispiel der Schriftzug »Hertie«. Als 2009 in Berlin die letzte Filiale der Kaufhauskette schloss, wurde er dem Buchstabenmuseum übergeben. Oder das ehemals in weiß und hellblau schimmernde »M« der DDR-Markthallen am Alexanderplatz. Die Buchstaben rufen Erinnerungen wach an eine Zeit, in der Schriftzüge viel stärker als heute das Stadtbild prägten – und nicht alle für das Gleiche warben. Die Schriften erzählen Geschichten von der Stadt, den Menschen und Geschäften, vom Untergang von Kaufhaus-Dynastien, vom Lebensgefühl einer Epoche. Möglichst groß sollen die Buchstaben sein, von Dächern, Fassaden, Schaufenstern stammen, am besten aus Neonröhren aufgebaut. Eins der Prunkstücke sind die »Zierfische«, ein fließender Schriftzug

Hast du mal ein »A«? Für das Buchstabenmuseum kein Problem.

im Stil der 1950er Jahre. Den hatte der DDR-Designer Manfred Gensicke seiner eigenen Handschrift nachempfunden – einst ein Blickfang am Frankfurter Tor. Viele erkennbar alte Schriften stammen aus Ost-Berlin, wo sie sich der Modernisierung länger entziehen konnten. Das Meiste kommt nicht direkt von der Fassade, war schon irgendwo eingelagert und musste manchmal detektivisch zugeordnet werden. Allein die Dokumentation der einzelnen Buchstaben erfordert viel – von Arbeit bis Zuwendung.

⊙ Stadtbahnbogen 424, 10555 Berlin-Mitte
   (neben dem S-Bahnhof Bellevue)

Sonderwunsch
Der verschobene Kaisersaal

Grau und unscheinbar ragt das fast 90 Jahre alte Gemäuer aus
der Baustellenwüste am Potsdamer Platz. Die Wände ohne
Putz, die Fenster vorübergehend zugemauert. Obenauf ein
hölzernes Notdach und rundherum grüne Plastikfolien: Der
Saalbau des einst mondänen »Grandhotel Esplanade« wirkt
wie eine verlassene Fabrikhalle. Der letzte deutsche Kaiser
Wilhelm II. dinierte in ihm in einem Festsaal. Im heute Kaisersaal genannten Salon lud der Herrscher wöchentlich zu
Herrenabenden. Bei der Bebauung des Potsdamer Platzes
stand den Planern der Kaisersaal im Weg. Der 1800 Tonnen
schwere Koloss ging auf die Reise – genau 75 Meter weit.
Eine bautechnisch einmalige Aktion. Der Großteil des »Esplanade« blieb dabei unverrückt.

Statiker ließen den zweistöckigen Saal mit Stahlstreben
aussteifen, Restaurateure sicherten die Stuckornamente ab,
umliegende Gebäudereste wurden abgerissen. Das Gemäuer
stand jetzt in einer tiefen Grube. Bauarbeiter hatten den Kaisersaal aus dem großen Komplex des denkmalgeschützten
»Esplanade« »freigeschält«: Sie ersetzten das freigebaggerte
Fundament durch ein Gitterrost aus Stahlbeton. Spezialisten
wollten an ihm schließlich Stahlseile befestigen. Der Trä-
gerrost wurde mit elf Hubpressen hochgestemmt und der
Koloss auf eine Transporthöhe von etwa 2,50 Meter gehievt.
Der Kaisersaal ist 18 Meter lang, 14 Meter breit und zwölf
Meter hoch. Als er in der Luft hing, wurde unterhalb eine
Bahn aus Stahlbeton eingebaut, über die der Koloss glitt. Mit
Druckluft wurde zwischen dem Trägerrost und der Stahl-

betonbahn ein Luftpolster aufgebaut. Der Kaisersaal geriet so in einen Schwebezustand.

Wie auf einer Rutschbahn gelangte der Saal mit fünf Metern Wegstrecke in der Minute zu seinem neuen Standort. Die Firma Sony hatte sich dazu verpflichtet, die denkmalgeschützten Überreste des ehemaligen »Esplanade« für rund 50 Millionen D-Mark zu erhalten. Auf dem Potsdamer Platz entstand mit dem Sony-Center bis 2000 ein Komplex aus sieben Gebäuden. Entworfen hat es der Architekt Helmut Jahn. Das Hotel »Esplanade« galt bei seiner Erbauung 1907/08 als eines der größten und prachtvollsten Hotels der Hauptstadt. Der Kaisersaal wird mit dem nebenliegenden Palmen- und Silbersaal heute als Fest- und Speisesaal genutzt.

1944 wurde das Hotel größtenteils zerstört. Ein Gebäuderest blieb jedoch erhalten. Er wurde 1949/50 zunächst zu einem Tanzlokal, später zu einem einfachen Kino umgebaut. Dieser Bauteil fristete während der Zeit der Teilung ein tristes Dasein im Niemandsland des Potsdamer Platzes. Die aufwendigen Stukkaturen und Wandgemälde verschwanden, die neobarocke Innenarchitektur der Kaiserzeit blieb nur im ehemaligen Frühstücksraum und im Kaisersaal erhalten. Der aber ragte fünf Meter in die geplante und verbreiterte Neue Potsdamer Straße. Und der Frühstücksraum stand einer Passage im Weg. Irrtümlicherweise wollten Sony und auch der Berliner Senat den Kaisersaal zunächst abreißen. Die Senatsplaner hatten schlichtweg vergessen, ihn als denkmalgeschützt zu markieren.

Erst nach Protesten einigte man sich auf eine sogenannte Translozierung. Die historischen Festsäle sollten ins Quartierinnere versetzt vom Sony-Center überbaut werden. Neben der Verschiebung des kompletten Kaisersaals hing man auch die Decke, den Fußboden und zwei Wände des ehemaligen Frühstücksraums an einem Stahlgerüst in einer riesigen, begehbaren Glasvitrine im Sony-Center auf.

Den einstigen Frühstückssaal zerlegten die Restaurateure in 500 Teile und puzzelten ihn später wieder zusammen. Beim Versetzen blieben zwei stuckverzierte Wände an ihrem angestammten Platz. Hinter einer Glasplatte geschützt wurden die ehemaligen Innen- zu Außenwänden. Der Kaisersaal thront nach seiner Verschiebung auf einem 70 Zentimeter hohen Sockel. Er musste schwebend und hydraulisch angeschoben auf einer 75 Meter langen, U-förmigen Fahrt um das restliche Gebäude zweimal gedreht werden. Als die Arbeiter im Kaisersaal die großen Spiegel abnahmen, stießen sie auf einen verloren geglaubten Schatz: ein Bildnis von Kaiser Wilhelm II. Das Gemälde war offenbar nach dem Ersten Weltkrieg verdeckt worden und hatte so die Jahre fast unbeschadet überstanden.

⊙ Bellevuestraße 1, 10785 Berlin-Tiergarten

· ·

Vergessenes Original
Mampe Halb und Halb

Ein feiner Bitterlikör, der gegen Cholera und Sorgen half, halb herb, halb süß. Mampe Halb und Halb, ein leicht klebriger Magenbitter, besteht aus Kräutern und Bitterorange. Das bronzefarben schimmernde Getränk schmeckt ein wenig wie Jägermeister. Im Nachgeschmack ist es allerdings deut-

Geht zum Glück nicht unter: das Berliner Original Mampe Halb und Halb.

lich herber und bitterer. Doch während Jägermeister zuletzt den Weg in die angesagten Clubs und jungen Bars fand, hat Mampe ihr natürliches Habitat seit dem Zweiten Weltkrieg nie verlassen: die Eckkneipen. Erst setzte die stolze Marke Staub an, dann wurde sie mehr und mehr vergessen und schließlich flog sie aus dem Sortiment.

Mampe ist so eng mit Berlin verbunden wie sonst nur Kindl oder Schultheiß: In den 1970er Jahren war Mampe sogar Trikotsponsor von Hertha BSC. In den 1920er Jahren gab es in ganz Berlin »Mampe's gute Stuben«. Und schon in Döblins »Berlin Alexanderplatz« verdünnt ein ehemaliger Soldat und Gefängnisinsasse seine Sorgen mit Mampe – damals noch für 30 Pfennig. Vor dem Krieg hatte Mampe 78 Sorten in über 250 Flaschenformen im Sortiment. Es gab im Grunde keine alkoholische Spezialität, die nicht von Mampe hergestellt wurde. Noch zu Mauerzeiten hielt sich der Seelentröster mit 31 Prozent Alkohol hartnäckig. Auch als der Mampe Wodka eingestellt wurde, blieb der Orangen-Kräuter-Likör bestehen. Erst danach sank der Umsatz, 1984 meldete die Carl Mampe AG Konkurs an.

Als sich die niedersächsische Berentzen-Gruppe 2012 von der Marke Mampe trennen wollte, überzeugte Tom Inden-Lohmar seinen Geschäftspartner Frank Zächel. Inden-Lohmar wurde von einer Werbefirma nach Berlin geschickt, um dort eine Marketing-Kampagne für den Spirituosenhersteller zu leiten. Die Werbebranche hat er inzwischen verlassen. Für das Sortiment aus Wodka, Gin und das legendäre Halb und Halb musste er jetzt einen neuen Produzenten finden und den Originalgeschmack wieder herstellen. Über 160 Kräuter geben dem Getränk angeblich seinen Geschmack, da kommt es schnell zu Fehlern. Die beiden Geschäftsleute entschieden sich, die langhalsige Flasche mit dem gelben Etikett und dem betrunkenen Kutscher abzuschaffen und Mampe stattdessen in eine moderne, schlichte Flasche abzufüllen. Entfernt erinnert sie an das vom Bauhaus beeinflusste Mampe-Design der 1920er Jahre. Auch der weiße Elefant im roten Kreis, das Wappentier von Mampe, baumelt wieder um den Hals der Flasche – so wie es in der Firmengeschichte von Mampe die meiste Zeit gewesen ist.

Karin Erb leitet das im Moment geschlossene Mampe-Museum in Kreuzberg und sucht nach neuen Räumen. Der gebürtigen Westfälin fielen in Berlin an einigen Kneipen die vergilbten Mampe-Werbeschilder auf. In Erbs Museum hängt goldgerahmt und in Öl der Preußische Sanitätsrat Carl Mampe. 1831 hatte dieser in Pommern einen Kräuterschnaps gegen die zu der Zeit grassierende Cholera gemixt. Die Rezeptur flößte das Rote Kreuz im ersten Weltkrieg Soldaten ein. Aus den medizinischen Bitteren Tropfen entwickelten Mampes allerdings verfeindete Stiefbrüder Carl und Ferdinand Johann in zwei konkurrierenden Spirituosenfabriken ihre vielfältigen Produkte bis hin zu den teils abwegigen Mixturen mit dem Orangen-Kräuter-Likör. In den 1930er Jahren wurden 70 Sorten Liköre, Weinbrände und andere Spirituosen in über 11 000 Verkaufsstellen vertrieben. Zum wirtschaftlichen Erfolg des Unternehmens trugen »Mampe's gute Stuben« bei, ein Musterbeispiel für Gaststätten-Ausstattung.

Das wohl berühmteste Lokal befand sich von 1917 bis 1986 am Kurfürstendamm 15. In den 1920er Jahren trafen sich hier viele Literaten, darunter Joseph Roth, der dort seinen Roman »Radetzkymarsch« vollendete. Die denkmalgeschützten Räume übernahm zunächst die Restaurantkette Mövenpick (»Le marché«), später McDonald's. Mampes neue Heimat ist ein Hinterhof in Kreuzberg. Acht Meter hohe, preußische Kappendecken und riesige lichtgleißende Fenster. 1880 wurde das Gebäude als Sudhaus einer Weißbierbrauerei gebaut. Als Schnapsmanufaktur und auch Eventlocation werden jetzt hier täglich von einem Destillateurmeister neue Produkte entwickelt und die dafür benötigten Mazerate und Destillate hergestellt. Die Produkte lagern danach in historischen Steingutfässern. Anschließend werden sie in Flaschen abgefüllt. Der Werbeexperte Inden-Lohmar will sich bei Mampe Halb und Halb auf den Berliner Markt beschränken: »Keiner für alle. Nur für Berlin.«

⊙ Am Tempelhofer Berg 6, Aufgang 2, 10965 Berlin-Kreuzberg

Unterirdisch
Honeckers Fluchttunnel

Ein 43 Meter langer Tunnel verband den Marstall mit dem Stadtschloss, später mit dem Palast der Republik. Der Bau wurde 2016 zugeschüttet, anderthalb Meter unter dem Schloßplatz war er nicht mehr von Nutzen. Auch musste die dort verlaufende Fernwärmetrasse tiefergelegt werden, um die Freiflächen am Humboldt-Forum neu zu gestalten.

Ein kleiner, schmaler Gang verband schon früher die kaiserlichen Pferdeställe im Marstall mit dem Schloss. Der Marstall bot Platz für 300 Pferde, aber auch für Kutschen und Schlitten. Der spätere Tunnel war am Ende zwei Meter hoch und zweieinhalb Meter breit. Er wurde gebaut, damit die Palast-Mitarbeiter, die damals ihre Büros im Marstall hatten, schnell und trocken ins Hauptgebäude wechseln konnten. Die »Bild«-Zeitung berichtete, dass es sich um einen Fluchtweg für den einstigen DDR-Staatsratsvorsitzenden Erich Honecker gehandelt habe. Auch sollten die Abgeordneten der Volkskammer im Bedarfsfall unsichtbar vor dem Volk im Keller davoneilen können. Nichts dergleichen fand statt, nicht einmal am 7. Oktober 1989, als die Leute am Marx-Engels-Platz (heute Schloßplatz) »Gorbi« statt »Honni« riefen.

Nach dem Abriss des Palastes der Republik entstand die Idee, im Tunnel Transportbänder für Bücher zu installieren: Er sollte der Landesbibliothek (Breite Straße) als »logistische Verbindung« zur geplanten Filiale im Schloss dienen. Das aber wäre teuer geworden. Durch die damaligen Neubaupläne für die Zentral- und Landesbibliothek auf dem Tempelhofer Feld wurde der Plan obsolet. Das »Gehrecht« sollten nur Bibliotheksmitarbeiter bekommen.

⊙ Schloßplatz, 10178 Berlin-Mitte

· ·

Ein Wal im Kanal
Das Ausflugsschiff »Moby Dick«

Heidi Schütz, die Frau des Regierenden Bürgermeisters Klaus Schütz, schwang die Sektflasche gegen den 48 Meter langen Dampfer. Anfangs war er schlicht »der Fisch« genannt worden. Der Nylonfaden aber riss und die Pulle verschwand im Wasser. Ein Ersatz kam bald, die Jungfernfahrt fand von Wannsee nach Tegel statt. Die »MS Moby Dick« gilt als das originellste Schiff in Berlin. Der schwimmende Wal der Stern- und Kreisschifffahrt wurde am 2. Mai 1973 getauft.

Im aufgerissenen Maul mit über 100 Zähnen, die an ein Sägeblatt erinnern, machen es sich die Gäste vor den Panoramafenstern bequem. Die Ausstattung des Salons, die glänzende Außenhaut mit den stilisierten Schuppen und grauschwarzen Karos hat der Architekt Jo Filke aus Bremerhaven, der eigentlich für seine Kirchenbauten bekannt ist, entworfen. Die Scheiben zwischen den Zahnreihen des geöffneten Mauls sind getönt, die Wände des Salons türkisfarben. Über den Köpfen der Fahrgäste hängt eine große, vorne abgerundete, knallrote Holzplatte – die Zunge von Moby Dick. In der Schiffsmitte trennen Holzrippen den Raum zwischen Getränketresen, Küche und den Tischen an der seitlichen

Fensterfront: Das sind die Gräten, obwohl ein Wal ja kein Fisch ist. Die sich zum Heck verjüngenden Aufbauten laufen in eine riesige silbrige Schwanzflosse aus, seitlich sind Sitzplätze angebracht. Der Schwanz macht dem Kapitän manchmal Probleme, wenn Böen gegen die Flosse drücken und er gegensteuern muss. Das Schiff wurde in Vlotho an der Weser gebaut und bietet knapp 490 Fahrgästen Platz. Es wird auf der längsten und beliebtesten Linie West-Berlins eingesetzt, der großen Havelrundfahrt von Tegel bis zum Wannsee.

Wie aber kam der Reederei die Idee zu diesem ungewöhnlichen Schiff? Pate stand offenbar Herman Melvilles populärer Roman, der von dem riesigen Pottwal Moby Dick und dem rachsüchtigen Kapitän Ahab handelt. Erzählt wird die vergebliche Jagd nach einem weißen Wal über die Weltmeere.

Der Auftraggeber erinnerte sich aber bestimmt auch an die Walsensation 1966 am Niederrhein. Dort entdeckte eine Tankerbesatzung einen vier Meter langen Beluga-Wal. Dieser befand sich rund 300 Kilometer von der Küste entfernt und noch weiter von seiner polaren Heimat. Der Meeressäuger war im Sturm von einem gekenterten Frachter in die Nordsee gespült worden und schwamm über Rotterdam in den Rhein. Eigentlich war der Wal für einen englischen Tierpark bestimmt. Der Duisburger Zoo versuchte, den Meeressäuger mit geliehenen Tennisnetzen einzufangen. Auch der Versuch, ihm eine Seilschlinge um seinen glatten Kopf zu legen, glückte nicht. »Moby« bestimmte die Nachrichten und schlug buchstäblich hohe Wellen. Journalisten mieteten Boote und hielten sogar aus einem Luftschiff nach ihm Ausschau. Es entwickelte sich ein regelrechtes Wal-Mensch-Versteckspiel. »Moby« schwamm vier Wochen lang

Keine Angst, wen »Moby Dick« verschluckt, den spuckt er auch wieder aus – und meist recht vergnügt.

ziellos den Rhein auf und ab. Erst in Bonn drehte der Wal schließlich um und verschwand ein paar Tage später wieder im Meer.

In Berlin pendelte das Schiff »Moby Dick« vor dem Mauerfall meist auf der Havel zwischen Wannsee, Tegel und der DDR-Grenze am Niederneuendorfer See. Nach 1989 fuhr der Dampfer von der Greenwichpromenade bis nach Potsdam, Lehnitz oder über den Hohenzollernkanal zum Haus der Kulturen der Welt. Im Juni 1993 geriet er bei einer Mondscheinfahrt im Lehnitzsee aus der Fahrrinne und strandete. Die 144 Fahrgäste wurden von der Wasserschutzpolizei an Land gebracht. Die Bergung der »Moby Dick« gestaltete sich schwierig, da im Wasser noch Bomben aus dem Zweiten Weltkrieg lagern konnten.

Mehrfach wurde das Schiff modernisiert. Das Flair der 1970er Jahre aber, die grünen und roten Resopalverkleidungen hat man im Schiffsbauch belassen. Und »Moby Dick« hat sogar noch eine kleine Schwester: Auch auf dem Rhein gibt es seit 1976 ein Schiff, das wie ein Wal aussieht. Es zieht seine Bahnen zwischen Bonn und Koblenz.

⊙ Greenwichpromenade, 13507 Berlin-Tegel

In Sand gerammt
Die Gründungspfähle des Stadtschlosses

Am Schlossplatz wird das Stadtschloss wieder aufgebaut. In der Baugrube zogen Bagger 2012 rund 3 000 Holzpfähle aus der Erde. An der einen Seite zugespitzt, bildeten die Pfähle früher das Fundament der barocken Hohenzollernresidenz. Wie schwarze Zahnstocher im XXL-Format sollen einige der Gründungspfähle später in der Ausstellung des Schlosses gezeigt werden. Ihr Holz stammt von Bäumen, die in der Nähe wuchsen. Die bis zu zehn Meter langen Stämme wurden vor über 300 Jahren in den sumpfigen Boden der Spreeinsel gerammt. Hofarchitekt Andreas Schlüter wollte dem Prachtbau für Friedrich Wilhelm I. die notwendige Stabilität verschaffen. Von zwei Kiefernpfählen wollte man auch das genaue Alter wissen, das sich an den Jahresringen der Pfahlscheiben ablesen lässt. Der eine stammte von einem 1705 gefällten Baum, mit dem innersten Jahresring von 1576. Der andere wurde auf die Jahre 1703 und 1582 datiert. Die

Sprosse der beiden Kiefern trieben ihre Wurzeln also zur Regierungszeit von Kurfürst Johann Georg in den brandenburgischen Boden, wenige Jahre nach der Hinrichtung des Münzjuden Lippold. Gefällt und verbaut wurden sie aber unter Friedrich I.

Die uralten Eichen- und Kieferpfähle waren gut erhalten, weil sie im Grundwasser lagen. Unter Luftabschluss verrottet das Holz nämlich nicht. Gefährlich wird es nur, wenn der Wasserstand sinkt und die Pfahlköpfe an die Luft kommen. Wenn alle Stämme aus dem Boden entfernt sind, entsteht am selben Ort ein neues, tragfähiges Fundament aus Beton-Bohrpfählen. Sie werden 42 Meter tief in den Boden versenkt. Im Südosten des Neubaus sind die Kellergewölbe und die darunter befindlichen Pfähle später in einem »archäologischen Fenster« zu sehen.

Das Grundwasser beginnt im Spreebereich bereits wenige Meter unter der Oberfläche. Für eine Holzgründung ist das günstig. Der Bau von Gebäuden auf Holzstämmen war bis Ende des 19. Jahrhunderts eine gängige Bautechnik auf dem feuchten Schwemmland. Die Masse der oben mit einem aufliegenden Balkenrost zusätzlich eingespannten Baumstämme wirkten aber auch wie eine tragfähige Bodenplatte. Heute ist sie aus Beton. Auch unter der Staatsoper hat man Holzpfähle gefunden. Beim Neuen Museum ließ man sie – unerreichbar – im Boden stecken.

Im April 2013 war in einem Hotel an der Lietzenburger Straße eine dreitägige Holz-Auktion. Rund 1 900 unterschiedlich lange Eichen- und Kiefernpfähle wurden aufgerufen. Vergleichbare Mooreiche ist nicht in Deutschland, wohl aber in Sibirien erhältlich. Einige Stämme werden vermutlich als Skulptur aufgestellt, andere zu einer rustikalen

Bank mit Glastisch umgearbeitet. Das Antikholz wechselte einzeln oder als Los mit bis zu zehn Stück den Besitzer. Die Mindestgebote reichten von 298 Euro für einen Vier-Meter-Kiefernpfahl bis zu 714 Euro für eine längere Eichenbohle. Etwa 100 Interessierte waren als die neuen »Stammhalter« erschienen, vom Künstler bis zum Schreiner.

Wo befindet sich das Eichenholz heute? Die Firma Enno Roggemann preist ihr Kiefernholz-Schlossdielen-Parkett als »Fußboden mit Geschichte« für 189 Euro pro Quadratmeter an. Sie wirbt mit dem Satz: »Der Fußboden, auf dem Sie gehen, hat bereits Kaisern und Kurfürsten als Fundament gedient!« Der Schmuck-Designer Tyler Pesek fertigt einen »Schlossholz«-Anhänger mit schlichter, schwarzer Halskette aus Kautschuk. Kostenpunkt: 186 Euro, davon fließen 60 Euro als Spende in den Wiederaufbau des Schlosses. Und die Möbeldesignerin Nicole Masseit trocknet die Gründungspfähle in einer ehemaligen Reinickendorfer Spirituosenfabrik über mehrere Jahre und verarbeitet das Holz anschließend zu Möbelstücken.

⊙ Schloßplatz, 10178 Berlin-Mitte

. . . .

Eingeschlagen
Ein Gedenkstein für den Gefreiten Will

Auf der Tiergartenseite an der John-Foster-Dulles-Allee steht neben dem Bordstein ein Gedenkstein. Der etwa 80 Zentimeter hohe Findling ist aus behauenem Granit und

Der vom Blitz erschlagene Soldat wird nicht vergessen –
auch heute noch mit frischen Blumen.

wurde schon mehrfach umgesetzt. Am 14. August 1889 hatte sich ein Unglück ereignet, das die Berliner lange Zeit beschäftigte. »Gegen 3 ½ Uhr ritten vier Ulanen vom 2. Garde-Ulanen Regiment die Spreestraße hinter den Zelten entlang«, berichtet die »Nationalzeitung«, »als beim Passiren der Richard-Wagner-Straße ein Blitzstrahl zwischen ihnen hineinfuhr. Im nächsten Augenblick wälzten sich die Reiter und Pferde an der Erde.« Während drei Soldaten mit dem Schrecken davonkamen, »war ein Ulan, dessen rechte Körperseite vom Blitzstrahl getroffen war, sowie sein Pferd sofort todt«. Der Trupp des Bauernsohns aus Schöneiche befand sich gerade auf dem Rückmarsch von einer Felddienstübung, als ein Gewitter aufzog und ein Blitz seinen Helm »wie eine Gewehrkugel durchlöcherte«. Die Siedlung

Schöneiche grenzt im Südwesten Berlins an das Stadtgebiet. Die »Vossische Zeitung« schrieb, der Tote sei erst 20 Jahre alt gewesen: »Er hieß Wille(!), war Gefreiter und diente als vierjährig Freiwilliger.«

Das heftige Augustgewitter überraschte zahlreiche Berliner und trieb sie in ihre Häuser. Der Gefreite Fritz Will ritt in Reih und Glied mit seinen Kameraden. Die Garde-Ulanen hatten den Tiergarten erreicht, als es blitzte. Der flammende Strahl schlug in die Tschapka – den Ulanenhelm – des Gefreiten. Leblos stürzte Fritz Will aus dem Sattel. Der Gardeulan, der hinter ihm ritt, wurde von dem Blitzschlag betäubt, erholte sich jedoch. Im Jahr darauf legten die Kameraden einen Kranz an dem Stein nieder. Den Eltern des Gefreiten wurde der durchgeschlagene Helm des Sohnes übergeben. Ein Tischler fertigte für sie einen Ehrenschrein aus edlem Holz, in dem der Helm in der »Guten Stube« des Schöneicher Bauernhauses aufbewahrt wurde.

Die beiden Ulanenregimenter zählten zur schweren Kavallerie. 1884 ergänzte man bei ihnen die Lanzen durch Karabiner als die neue Hauptbewaffnung. Die Richard-Wagner-Straße gehörte zum heutigen Bettina-von-Arnim-Ufer. Die Beschreibung »hinter den Zelten« oder auch der historische Straßenname In den Zelten gehen auf Leinenzelte zurück, die sich hier Mitte des 18. Jahrhunderts befanden. 1745 hatten zwei hugenottische Refugiés von König Friedrich II. die Genehmigung erhalten, im Tiergarten Erfrischungen anzubieten. Diese Erlaubnis war mit der Auflage verbunden, dass die Lokale nur in Form von Zelten entstehen durften und im Winter verschwanden.

⊙ John-Foster-Dulles-Allee (Zeltenplatz), 10557 Berlin-Tiergarten

Blasen im Wasser
Das Belüftungsschiff

Erst am Abend in der Dämmerung beginnt der Arbeitstag für einen Schiffsführer, seinen Maschinisten und einen Matrosen. Dann öffnet er die großen Eisentore an der Lahnstraße und geht zielstrebig zum Unterhafen des Neuköllner Schifffahrtkanals. Dort liegt das weiß-rote Belüftungsschiff »Rudolf Kloos« still im spiegelglatten Wasser. Wenn die Temperaturen des Kanalwassers, das normalerweise lediglich 18 bis 22 Grad hat, auf Werte zwischen 24 und 26 Grad steigen, sinkt der Sauerstoffgehalt des Wassers. Erwärmt kann es weniger Sauerstoff speichern, darunter leiden die Fische und ersticken.

Deshalb zieht das Belüftungsschiff alljährlich von Mai bis September nachts seine Bahn. Betrieben von der Umweltverwaltung reichert es das Wasser im Neuköllner Schifffahrtskanal und im Landwehrkanal mit Sauerstoff an. In beiden Gewässern sinkt in den Nächten der Sauerstoffanteil unter den für die Fische kritischen Wert von 2,5 Milligramm pro Kubikmeter. Um die Karpfenfische wie Plötzen und Rotfedern, aber auch Aale und Hechte zu retten, hat die Schiffscrew einen großen Tank an Bord – gefüllt mit acht Kubikmetern reinem Sauerstoff. Der reicht dann für eine ganze Woche. Pro Nacht gibt das Schiff 1 600 Liter Sauerstoff in das Wasser ab.

Das Kanalwasser wird von sechs großen Tauchpumpen angesaugt. Danach fließt es in Rohren durchs Schiffsinnere, wo der Sauerstoff hinzugefügt wird. Das Ganze gelangt dann wieder zurück in den Kanal. Im Wasser sieht es dann so aus, als hätte jemand Brausetabletten verteilt. Den Sauerstoff-mangel verursachen vor allem die Algen, die sich während einer Hitzewelle schnell vermehren. Blaualgen betreiben zwar am Tag bei Sonnenschein Photosynthese und produzieren Sauerstoff. Da sie aber eigentlich Bakterien sind, verbrauchen sie nachts ebenso Sauerstoff. Deshalb seien die Werte in den Kanälen tagsüber in Ordnung. Nachts sinke der Sauerstoffgehalt dagegen ab.

Das Belüftungsschiff bricht um 22 Uhr in Neukölln auf und fährt mit Schrittgeschwindigkeit bis zur Unterschleuse am Zoo – zurück zum Liegeplatz ist es nach mehr als 20 Kilometer Strecke am frühen Morgen. Unterwegs begegnet es leichtsinnigen Schlauchbootfahrern und ist ab und an einem Bierflaschenwurf ausgesetzt. Unterdessen messen Sensoren fortlaufend den Sauerstoffgehalt und die Temperatur im Wasser.

Noch eine andere Situation überfordert die Kanäle: Wenn es stark regnet, nehmen sie viel Abwasser und den Dreck der Straßen auf. Die Bakterien, die dieses Gemisch im Wasser zersetzen, benötigen dann noch mehr Sauerstoff. Der Landwehrkanal soll schon immer die Kloake Berlins gewesen sein. In den 1970er und 1980er Jahren habe es dort nach jedem Starkregen ein massives Fischsterben gegeben. Deshalb schaffte der Senat 1995 das Belüftungsschiff an – bis heute bundesweit das einzige Boot dieser Art. Berlin besitzt relativ enge Kanäle und fast stehendes Wasser. Der Spreefluss mit seinen höheren Durchflussmengen kommt dagegen auch während einer Hitzeperiode auf einen höheren Sauerstoffgehalt.

Das Regenwasser soll langfristig möglichst komplett in der Kanalisation aufgefangen werden. Deshalb entsteht im

Mauerpark ein riesiger Wassertank als Rückhaltemöglich-
keit. Dann gelangt das Abwasser weniger schnell zu den
Fischen.

⊙ Unterhafen, 12057 Berlin-Neukölln

· ·

Mit Schuss
Die Weiße im Glas sehen

Die Berliner Weiße ist eines der wenigen Biere, das sich
unverändert durch vier Jahrhunderte hindurch erhalten hat.
Biermixgetränke sind »in« – die Berliner Weiße mit Schuss
zählt dazu. Sie ist markenrechtlich geschützt und darf nur in
Berlin hergestellt werden. Viele Weiße-Trinker wissen vermutlich gar nicht, dass sie »ein großes Missgeschick« trinken.

Ein Brauer aus Hannover versuchte Anfang des 16. Jahrhunderts, ein Hamburger Weizenbier nachzubrauen. Der
Geschmack war scheußlich und verursachte Magengrim-
men. Die Rezeptur des Weizens entwickelten daraufhin Berliner Biermacher so lange weiter, bis es bekömmlicher war.
Die Berliner Weiße ist ein dunkelgelber Weizen-Gerste-
Mix, vergleichbar dem bayerischen Weizenbier, und enthält
nur 2,8 Prozent Alkohol. Sie ist mit obergäriger Hefe und
mit Milchsäure vergoren, ähnlich wie bei der Herstellung
von Champagner. So nannten auch Napoleons Truppen das
Bier, als sie Berlin besetzten: »Champagner des Nordens«.
Die Weiße heißt Weiße, weil bei dieser Gärungsart oben
auf dem Sud ein weißer Schaum schwimmt, der abgeschöpft

wird. Die Berliner prägten den Ausdruck »Kühle Blonde«, der heute allgemein für ein Helles gilt.

Im 19. Jahrhundert war die Weiße das Hauptgetränk der Berliner. Ein Bier nach Pilsner Brauart, ein untergäriges, war in der Stadt noch unbekannt. Zunächst trank man das säuerliche Bier höchstens mit einem Kümmel oder Korn, den man ins Glas kippte, genannt: »Weiße mit Strippe«. Ursprünglich bezeichnete man damit aber eine Schnur am Korken. Die Weiße befand sich in einem verschlossenen Steinkrug. Der Korken wurde festgebunden, damit er vom Druck der Kohlensäure nicht in die Luft geschossen wurde.

Deswegen und wegen der Nachgärung der Weiße wurden die Flaschen von den Wirten im Sand verbuddelt, damit sie nicht explodierten. Ein Jahr und länger mussten sie dort ruhen und reifen. Heute wird die Weiße gern mit einem Schuss Himbeer- oder Waldmeistersirup getrunken. Den meisten Leuten ist das Getränk sonst einfach zu sauer. Diese Trinksitte kommt vermutlich aus einer Zeit, als man nicht immer Hopfen zum Brauen nahm, sondern seinem Bier verschiedene Kräuter beifügte. Und Waldmeister war schon lange als Stärkungsmittel bekannt.

Berliner Weiße »rot« oder »grün« ist vor allem im Sommer beliebt, spritzig und erfrischend. Auf dem Berliner Biermarkt spielt die Weiße aber kaum noch eine Rolle. Das mag auch damit zusammenhängen, dass es sie nur in Flaschen oder Dosen gibt. Bis etwa zur Mitte des 19. Jahrhunderts tranken die Berliner ihre Weiße aus hohen Gläsern, heute ist es eine tiefe Schale auf hohem Fuß.

⊙ Rathausstraße 21 (Alt Berliner Weißbierstube, Nikolaiviertel), 10178 Berlin-Mitte

Uhren Ost
Moskauer Zeit in der Sowjetzone

Seit 1940 werden im Sommer in Berlin die Uhren um eine Stunde vorgestellt: auf die Sommerzeit. In der Stadt liefen die Uhren aber auch einmal ganz anders. 1945 galt in der Sowjetischen Besatzungszone und später ganz Berlin die Moskauer Zeit. Der erste sowjetische Stadtkommandant von Berlin, Generaloberst Nikolai Bersarin, befahl am 20. Mai 1945, »bis zu besonderen Anweisungen in der Stadt Berlin nach Moskauer Zeit zu arbeiten« (Befehl Nr. 4). Diese Regelung galt rund vier Monate. Der Bevölkerung wurde sie auf Flugblättern und in Tageszeitungen bekannt gemacht.

Nach dem Krieg und in den Folgejahren bestimmten die Besatzungsmächte die jährliche Umstellung auf die Sommerzeit. Die sowjetische Besatzungsmacht regierte bis zum Eintreffen der Amerikaner und Briten im Juli sowie der Franzosen im August 1945 allein. In der Sowjetischen Besatzungszone stellte man die Uhren um eine weitere Stunde vor. Die Russen wollten mit dieser Regelung ihre Verwaltung effizienter gestalten. Die Arbeitszeiten sollten mit denen der Behörden in Moskau synchronisiert werden. Außerdem sollten die Telefongespräche Bersarins mit seinen Vorgesetzten im Kreml vereinfacht werden. Die neue Zeitregelung führte zu der kuriosen Situation, dass es in Potsdam 12 Uhr schlug, wenn es in Berlin bereits 13 Uhr war. Komplikationen im Umgang mit dem Umland blieben nicht aus. Erst im September 1945 wurden die Berliner Uhren auf Drängen der westlichen Alliierten wieder um eine Stunde zurückgestellt.

Auch nach der Maueröffnung liefen in Berlin die Uhren plötzlich anders. In den früheren westlichen Besatzungszonen führten sie zu einem Zeitchaos. Pausenglocken läuteten zu früh, Beamte erschienen 45 Minuten eher an ihrem Arbeitsplatz. Über mehrere Wochen liefen Elektrouhren und Radiowecker bis zu vier Minuten täglich der Zeit davon. Und wieder steckte Russland dahinter. Denn 1992 wurde das West-Berliner Stromnetz mit dem Ost-Berliner vereinigt. Ursache für das Zeitchaos waren russische Kraftwerke, die in Spitzenzeiten West-Berlin mit zusätzlichem Strom versorgten. Dieser Strom besaß eine höhere Frequenz als der »normale« West-Strom – 50,4 Hertz statt 50 Hertz. Die Frequenz des Wechselstroms bestimmte den Zeittakt der Synchronuhren: Ihre Zeiger spielten verrückt. In Ost-Berlin war man ein solches Hertzflimmern gewohnt, Zeit ist halt immer auch relativ. Erst die 1995 in Betrieb genommene neue Stromtrasse mit Weststrom ließ alle Uhren in Berlin wieder normal drehen.

⊙ Unter den Linden 63–65 (Botschaft der Russischen Föderation), 10117 Berlin-Mitte

· ·

Künstlerisch obenauf
Die Korkmännchen

Sie bestehen aus zwei Flaschenkorken, einem hölzernen Schaschlik-Spieß und turnen oben auf Straßenschildern herum. Die kleinen Figuren heißen Korkmännchen oder

Die kleinen Figuren sieht nur, wer den Hals reckt – man findet sie überall in der Stadt.

auch Street Yogi. Erdacht hat sie der Berliner Yoga-Trainer Josef Foos 2009. Ursprünglich wollte der Sportlehrer die einfach herzustellenden Figuren nur als Werbegag einsetzen.

Die Figuren sind etwa fünf Zentimeter groß: Der eine Korken wird zum Rumpf, der andere in fünf Teile geschnitten. Sie dienen wie bei einem Strichmännchen als Kopf, Arme und Beine. Je nachdem wie komplex die Figur ist, braucht Foos bis zu anderthalb Stunden, um eine Figur fertigzustellen. Er benötigt dazu einen Holz-Handbohrer sowie ein Messer und wasserfesten Leim. Manchmal noch ein Pflaster, um die Gelenke zu stabilisieren. Seine ersten Figuren taufte er Street Yogi, weil sie sich in bestimmten Yoga-Übungen (Asanas) zeigen. Die Asanas sind traditionelle Körperhaltungen im Yoga, die vor allem stehend oder sitzend praktiziert werden. Es gibt zwar mehr als 1 000 Asanas, doch alle nach-zubilden, sei nicht möglich: »Ich kann den Figuren höchstens ein Gelenk pro Körperteil verpassen. Damit ist die Auswahl natürlich begrenzt«, erklärt Foos. Und da er seinen Materialien treu geblieben ist, wird man eher einen auf dem Kopf stehenden als einen verbrezelten Yogi finden. Wer sich auskennt, kann den abwärtsschauenden Hund, die Heuschrecke oder den Pflug entdecken. Inzwischen sieht man die Figuren aber auch walken, klettern oder tanzen.

Die sportlichen Figuren, bestimmt über 3 000 an der Zahl, sind inzwischen in allen Berliner Bezirken zu finden. Als Streetart und auch durch ihr Material sind die Korkmännchen vergänglich: Wind und Wetter setzen ihnen zu. Der Künstler rechnet damit, dass etwa die Hälfte seiner Figuren inzwischen verschwunden ist. Daher dokumentiert er unter dem Namen »Joy Fox« seine Arbeiten auf einer eigenen Homepage und nutzt Flickr oder Facebook. Josef Foos wollte »einfach Freude verbreiten«, sagt er.

Das Besondere an den Street-Yogis ist, dass sie, obwohl im öffentlichen Straßenland stehend, für die meisten Menschen unsichtbar sind. »Im Prinzip war die Idee, mit den Yogis etwas Positives in die Welt zu setzen, aus der Erfahrung heraus, dass die Wirkung daraus, in die Zukunft geht.« Einen ersten Versuch startete er direkt vor seiner Haustür in Neukölln. »Am Anfang hatte ich wahrhaftig Bedenken, ob die Menschen mich für einen Verrückten halten.« Vielen zaubern die Figuren jedoch ein Lächeln ins Gesicht.

Wie er sie oben auf die Schilder bekommt, will er nicht verraten. Er sagt nur so viel: »Eine Leiter brauche ich nicht.« Die kleinen Kerle haben aber nicht nur natürliche Feinde: Sie werden auch von Kindern und Souvenirjägern gezielt von den Schildern geholt, sind dort aber eigentlich aufgrund der Höhe sicher. Am Anfang platzierte Foos die Figuren noch auf Telefonzellen und Fensterbänken. »Da verschwinden die Yogis zu schnell. Diese Orte sind einfach leicht zugänglich und Yogis werden dann gerne mitgenommen.« Die Straßenbeschilderung hingegen sei aufgrund ihrer Höhe schwerer zu erreichen.

Im Schnitt klebt der Yogalehrer wöchentlich fünf Street Yogis auf Berliner Straßenschilder. Die Verteilung der Figuren geschah zumindest anfangs nicht zufällig. Die Straßenschilder suchte Foos danach aus, ob zum Beispiel ein Yoga-Studio in der Nähe war. »Ich klebe nur tagsüber, ich will die Figuren ja auch noch fotografieren. Und da bekomme ich schon Herzklopfen, kurz bevor es losgeht«, erklärt der Yogi-Erfinder. Früher hat sich Foos noch auf den Sattel seines Fahrrads gestellt, um an die Straßenschilder heranzukommen. Wie er an die noch höheren Schilder gelangt, bleibt sein Geheimnis. Doch nicht allen machen die Figuren uneingeschränkt Freude. »Eigentlich ist das Ankleben eine Sachbeschädigung«, heißt es beim Grünflächenamt, aber: »Naja, bei so kleinen Figuren sind wir tolerant und erstatten keine Anzeige.«

⊙ gesamtes Stadtgebiet

Dosenbriefe
Die Rohrpost

Mit der Rohrpost konnten Telegramme, Briefe und Post-
karten, Schecks oder Gesprächszettel mit 15 Metern pro
Sekunde befördert werden. Kleine Büchsen wurden mit
Druckluft 50 km/h schnell durch Metallrohre von einem
Ort zum anderen transportiert, schneller als durch einen
Boten. Das Rohrpostsystem in Berlin war mit einer Länge
von ca. 400 Kilometern das größte der Welt. Jährlich wur-
den rund acht Millionen Sendungen transportiert. Es bestand
von 1865 bis 1971 in West-Berlin und noch fünf weitere
Jahre im Ostteil der Stadt.

Den Auftrag für den Bau des Rohrpostsystems gab die
Königlich Preußische Telegraphendirektion der Firma Siemens & Halske. Die erste Linie der »Pneumatischen Depe-
schenbeförderung« verlief zwischen dem ersten Haupt-
telegraphenamt in der Französischen Straße 33b/c Ecke
Oberwallstraße und der Telegraphenstation in der Berliner
Börse in der Burgstraße Ecke Neue Friedrichstraße. Die
Bankiers waren begeistert. Sie erhielten fortan zum Beispiel
umgehend die aus London eingehenden neuesten Börsen-
meldungen. Es folgte die Ausweitung des Rohrpostnet-
zes ins Zeitungs- und ins Bankenviertel. 1876 begann der
öffentliche Rohrpostbetrieb mit einem auf 15 Rohrpostäm-
ter erweiterten Netz und einer Gesamtlänge von knapp 26
Kilometern. Es konnten Postkarten und Briefe bis zu einem
Gewicht von 20 Gramm (Maximalmaß: 14,8 mal 10,5 Zentimeter) verschickt werden. Die Berliner Post war bestrebt,
alle Sendungen innerhalb von zwei Stunden zuzustellen.

Die auf einfachste Weise nutzbare Rohrpost war unschlagbar und trotz höherer Tarife sehr beliebt: Ein Rohrpostbrief kostete 30 Reichspfennige, ein normaler Brief nur fünf.

In den Postämtern mit Rohrpoststationen steckte man seine Sendung in spezielle Schlitze oder gab sie am Schalter ab. Von 7 bis 21 Uhr verschwand alle 15 Minuten eine der Transportbüchse in dem Rohrsystem. Weil es jeweils nur ein Rohr für Hin- und Rückweg gab, regelte ein komplizierter Fahrplan die jeweiligen Absendezeiten. Im Eröffnungsjahr sausten fast 1,325 Millionen Sendungen durch die Rohre. Ein Briefträger übernahm die weitere Zustellung zum Adressaten. Die Rohrpost galt als Eilsendung. Jedes Postamt stempelte die Sendung für den exakten Nachweis des schnellen Austragens elfmal täglich, an Sonntagen fünfmal.

1940 erreichte das Berliner Rohrpostnetz mit über 99 Rohrpostämtern seine größte Ausdehnung. Die Rohre wurden oft in einer Tiefe von 1 bis 1,50 Metern verlegt. Bis zu zwölf Briefe passten in eine Büchse, zehn Büchsen ergaben einen Rohrpostzug. Im Netz gab es Weichen, die wie bei einem Schienennetz die Rohre verschoben. Etwa alle zwölf Kilometer beschleunigten Luftverdichter die Rohrpostzylinder oder zogen Pumpen sie an. Angeschlossen an das Netz waren die dünn besiedelten groß- und kleinbürgerlichen Wohnbezirke sowie die Villengegenden des Westens. Die Arbeiter- und Stadtbezirke an der Peripherie erhielten nur eine geringe oder gar keine Rohrpostanbindung. Schon seit den 1920er Jahren ging das Rohrpostaufkommen zu Ende, verdrängt auch durch das Direktwähl-Telefon. Nach 1945 waren nur noch Einzelstrecken in Betrieb.

Das Museum für Kommunikation in der Leipziger Straße zeigt rund 100 Objekte der Rohrpost: Sende- und Empfangsapparate von Stadtrohrpost- und Hausrohrpostanlagen, Fahrrohre, Steuereinrichtungen und Rohrpostbüchsen. Im Museum steht eine kleine Rohrpostanlage, die das Prinzip demonstrieren soll. Ein Glanzstück sind Teile der Rohrpostanlage des Reichspostmuseums aus der Zeit um 1920.

Im Bundeskanzleramt ist noch heute eine Rohrpostanlage installiert, die Wege in einer der größten Regierungszentralen der Welt sind lang. Hinter einer Klappe an der Wand lassen sich blitzschnell Dokumente durchs Haus jagen. Auch die neu gebauten Ministerien in Berlin werden per Rohrpost verbunden. Im Krankenhaus Charité werden jeden Tag ca. 2 500 Büchsen mit Blutproben, Laborergebnissen und Patientendaten durch die 26 Kilometer Rohrleitung geschickt. Ein großer Coup gelang Dieben 1981 in der Spielbank im Europa-Center: Sie schnitten die Hausrohrpost zwischen Spielsaal und Tresorraum auf. Damit ihre Tat nicht sofort auffiel, ließen sie jede zweite Geldbüchse durch. Mehr als eine halbe Million D-Mark wanderte so in ihre Taschen.

⊙ Leipziger Straße 16 (Museum für Kommunikation),
   10117 Berlin-Mitte

. . . .

Einer für alles
Der Haushaltsgeräte-Erfinder Willy Abel

Ein Eierschneider ist ein Küchengerät, das hartgekochte Eier in Scheiben schneidet. Man isst sie auf Brot oder garniert mit ihnen Salate und kalte Platten. Erfunden wurde das hilfreiche

Gerät 1909 von Willy Abel (1875–1951), der darauf zwei Jahre später ein Patent erhielt. Abel meldete in seinem Leben insgesamt 63 Erfindungen zum Patent an – die Erste mit 17 Jahren –, ihm gehörten 100 geschützte Gebrauchsmuster. Seinen Briefmarken- und Ticket-Automaten verkaufte er an die Deutsche Reichspost. Mit dem Erlös gründete er seine erste eigene Firma, die vor allem Küchenwerkzeuge entwickelte und produzierte.

1912 gründete Abel die Harras-Werke an der damaligen Rittergutstraße in Lichtenberg. Sie waren eine der ersten deutschen Haushaltswarenfabriken. Der in Serie produzierte Eierschneider bestand »aus einem Aluminiumtisch, einem Nickelbügel und gespannten Drähten«. Abels Eierschneider entwickelte sich zum Massenartikel: Mehr als zehn Millionen Stück konnte er von dieser Weltneuheit verkaufen. Unter dem Slogan »Harras in alle Welt« vermarktete Abel seine Haushaltsgeräte überaus gewinnbringend. Am erfolgreichsten war er in den USA, wo es bereits Massengüter gab. Zwischen 1918 und 1923 entstanden Niederlassungen der Harras-Werke in New York und London. Von jedem Eierschneider zu einem Preis von 30 Pfennig blieb ihm ein Gewinn von zehn Pfennig.

Mit einem weiteren Slogan (»Harras auf der Hand – jedermann bekannt«) warb das Unternehmen für weitere von Abel konstruierte Küchenhelfer: eine Messerputzmaschine, Kartoffelreiben, eine Brotschneidemaschine und das herzförmige Waffeleisen. Der geniale Erfinder Abel wurde bald als »Vater der deutschen Haushaltsmaschinen-Industrie« beschrieben.

Das Fabrikgelände nebst Wohnhaus, das die Familie Abel seit 1916 bewohnte, besetzten die sowjetischen Soldaten am

23. April 1945. Die Harras-Werke gehörten aber zu den 49 Betrieben in Ost-Berlin, die nach 1945 nicht enteignet wurden. Nach Abels Tod wurden sie von seiner Assistentin Gertrud Neubauer und seinem Werkmeister Fritz Uhl geleitet. Der Magistrat von Ost-Berlin besaß allerdings die Aufsicht. Vor allem die Harras-Brotschneidemaschine mit Kreismesser und einer Bedienung per Handkurbel entwickelte sich für die DDR zum devisenbringenden Exportschlager. Nach einigen Jahren half jedoch auch das nichts mehr. 1960 erfolgte die Zwangsverpachtung an das VEB Transformatorenwerk »Karl Liebknecht« Oberschöneweide. Zugleich erlosch der Schutz des Warenzeichens Harras. Die Harras-Werke produzierten schließlich Rasenmäher.

1990 erhielten Willy Abels Erben das Firmengrundstück zurück. Sie sanierten die Gebäude in der heutigen Josef-Orlopp-Straße und entwickelten das Areal zu einem Büro- und Gewerbehof. Noch eine alte, stehengebliebene Werksuhr erinnert an Abels Zeiten, zu denen bestimmt in jedem deutschen Haushalt wenigstens ein Gerät aus den Harras-Werken zu finden war.

⊙ Josef-Orlopp-Straße 89–92 (früherer Name: Rittergutstraße, damals Nr. 106/107), 10365 Berlin-Lichtenberg

Vergessene Gasse
Der Judengang

Der Passant schaut in eine Schlucht. Sie verläuft zwischen den Hinterhöfen der Kollwitzstraße auf der einen und der Mauer des jüdischen Friedhofs auf der anderen Seite. Wo heute im Prenzlauer Berg grünes Gras wächst, bedeckte lange Zeit Morast den Boden. Aus verrottenden Sandkästen wuchsen Birken, der 400 Meter lange und sieben Meter breite sogenannte Judengang zwischen Kollwitzplatz und Senefelderplatz geriet über die Jahre in Vergessenheit. 2002 wurde er saniert, wild wachsende Sträucher herausgerissen, der Efeu, der die Mauer aus Sandstein, roten Klinkern und Putz mit seinem dichten Grün völlig überwucherte, entfernt.

1824 war der Judengang noch ein namenloser Feldweg. Die Jüdische Gemeinde legte gerade an der Schönhauser Allee auf einem Acker einen neuen Friedhof an. Er lag mitten im Grünen, und der namenlose Feldweg führte an seiner Rückseite entlang über den Acker des Meiereibesitzers Wilhelm Büttner, einem der größten Grundbesitzer Berlins. Der Eingang des neuen Friedhofes lag auf der anderen Seite, zur Schönhauser Allee.

Bald zogen fast jeden Tag trauernde Juden über die Straße. Wie es zu dem Namen Judengang kam, ist aufgrund fehlender Quellen umstritten. Nach einer Legende störte sich König Friedrich Wilhelm III. an den Trauernden, wenn er auf dem Weg zu seinem Amtssitz in Niederschönhausen war. Er befahl, dass die Juden doch auf der Rückseite, über den Feldweg, durch das Osttor auf den Friedhof ziehen sollten. Eine andere Erklärung besagt, dass der jüdische Priester

Einer der verborgenen und vergessenen Wege in Berlin:
der Judengang.

nicht mit Toten in Berührung gelangen darf. Der Judengang
ermöglichte somit einen direkten Zugang zum Friedhof,
ohne dass der Cohen an allen Gräbern vorbeigehen musste
und sich dabei rituell verunreinigte. Dieses Vorgehen soll
sich aus der Halacha, der religiösen Richtlinie des Juden-
tums, herleiten.

Irgendwann begannen die Menschen, den namenlosen
Feldweg Judengang zu nennen. Der Weg blieb erhalten –
auch als 1871 nebenan die ersten Wohnbauten entstanden.
Damals beerdigten die Berliner Juden ihre Toten schon auf
dem neuen Friedhof in Weißensee. Trauerzüge an der Rückseite der gebauten Häuser hat es also niemals gegeben. Nach
dem Zweiten Weltkrieg wurde der Judengang parzelliert.
Noch zu DDR-Zeiten verwandelten die Hinterhausbewoh-

ner ihn in kleine Gärten. Sie pflanzten Gemüse und Blumen, bauten Sandkästen und grillten. Bald warfen die ersten ihren Sperrmüll auf den Geländestreifen. Der Verfall begann und mit ihm das Vergessen.

Ein Mitglied der Jüdischen Gemeinde, zugleich Chef eines Büros für Gartendenkmalpflege und Landschaftsarchitektur, erinnerte an den Judengang. Eine solche Anlage sei einmalig in Europa. Außerdem sei er als einer von drei verbliebenen Feldwegen in Berlin auch ein Gartendenkmal. Allerdings kann man heute nicht mehr von einem Ende zum anderen spazieren. Dagegen haben sich die Anwohner mit Blick auf ihre Privatsphäre gewehrt. Nur manchmal wird der Judengang noch für Führungen geöffnet. An der Seite zur Knaackstraße ist ein dem Original nachempfundenes Stahltor eingebaut. In Augenhöhe sind zwei Davidsterne eingelassen, durch die sich heute auf den Grünstreifen schauen lässt. Läuft man um das Wohnkarree herum, findet sich gegenüberliegend an der Metzer Straße ein ähnliches Tor.

⊙ Knaackstraße 41 (Kollwitzplatz) / Metzer Straße (zwischen Hotel und Biomarkt), 10435 Berlin-Prenzlauer Berg

Geliebte Vierbeiner
Die Pferdegräber in Klein-Glienicke

Im Schlosspark Klein-Glienicke ließ der preußische Prinz Carl um 1850 drei seiner Rennpferde beisetzen. Er war begeisterter Jagd- und Pferdeliebhaber, führte die Parforcejagd wieder ein und machte sie erneut zu einem wichtigen gesellschaftlichen Ereignis. Der Heimatforscher Kurt Pomplun berichtet über den Schlosspark: »Hin und wieder entdeckt man an verborgenen Stellen auch bemooste Steinplatten, auf denen verloschene Inschriften mit klangvollen Namen – Allamont von Allahor u.d. Alhalia zum Beispiel – hier beigesetzter prinzlicher Leibpferde gedenken. Der größte aller Steine feiert den 1909 verschiedenen Hengst Taurus.« Und es folgten noch zwei weitere Pferdebestattungen.

1828 starb das Pferd Pady, acht Jahre zuvor in St. Petersburg geboren. Es war offenbar das erste Pferd, das der Prinz in seinem Park begraben ließ. Neben seinem Grab liegt der braune Hengst Allamont, der 1839 im Alter von 27 Jahren verendete. Die beiden Gräber findet, wer im Schlosspark mit der Havel im Blick in Richtung der Teufelsbrücke geht. Kurz vor der Brücke führt der Weg nach rechts zu einem großen Findling. An dieser Stelle sprudelte früher das Wasser hervor. Gegenüber liegen am Wegesrand die beiden Grabplatten.

Zwei weitere Gräber befinden sich nicht weit entfernt vom Märchenteich. Wegen »akuter Unfallgefahr« durch bruchgefährdete Bäume und herabfallende Äste sind die Parkflächen eingezäunt und nicht betretbar. 1843 verstarb das Lieblings-Pferd von Prinz Carl, Brownhorse (geboren 1813), das er über 20 Jahre lang besessen hatte. Ein weiteres Pferd wurde allerdings mit nur drei Hufen begraben. Die Inschrift des Grabes lautet: »Agathon, geb. 8. April 1822 zu Ivonuch, verendet 29. Oktober 1854«. Den vierten Huf seines Lieblingspferdes ließ Prinz Carl zu einem Tintenfass umgestalten. Heute steht es im Blauen Eckzimmer des Schlosses. Der Prinz hatte den Fuchswallach im Februar

1828 vom mecklenburgischen Grafen Plessen gekauft. Seit dem Frühjahr 1848 erhielt der Wallach sein Gnadenbrot, 1854 starb das Jagdpferd. Die Kinder von Prinz Carl schenkten ihm ein Gemälde mit dem Pferd, gemalt von dem Tiermaler und Porträtisten Franz Krüger.

In Klein-Glienicke ruht auch Taurus, der im Oktober 1892 an einem mörderischen Langstreckenrennen über 572 Kilometer von Berlin nach Wien teilnahm. Es war das bis dahin längste Distanz-Pferderennen der Welt.

Der österreichische Kaiser Franz Josef und der deutsche Kaiser Wilhelm II. hatten gewettet. Das Rennen war ein einmaliger militärischer Übungsritt für Offiziere der beiden Heere. Die Berliner Reiter starteten am Tempelhofer Feld. Jeder Reiter musste die Strecke mit nur einem Pferd bewältigen. Viele versuchten, mit hochprozentigem Schnaps oder auch Kokain die Leistung ihrer Pferde zu erhöhen. In einer Woche verendeten 30 der 250 teilnehmenden Pferde. Es siegte ein Österreicher nach 71 Stunden und 26 Minuten. Sein Pferd ging im Ziel an Starrkrampf ein. Zweiter und deutscher Sieger wurde der Premierleutnant Freiherr von Reitzenstein vom Kürassier-Regiment Nr. 4, der eine Stunde und 40 Minuten später eintraf. Wenige Stunden nach der Ankunft starb seine Halbblut-Stute.

Der Fuchs-Wallach Taurus des Prinzen brauchte in dem Rennen 85 Stunden und 45 Minuten, das bedeutete Platz 31. Auf den letzten 70 Kilometern verlor er zwei seiner Hufeisen. Auch der Reiter soll dem Zusammenbruch nahe gewesen sein. Das österreichische Publikum applaudierte lautstark, denn der müde Reiter war nicht nur einfacher Offizier, sondern der preußische Prinz Friedrich Leopold, der 26-jährige Enkel des Prinzen Carl von Glienicke. Das Grab seines

Hengstes befindet sich auf der anderen Seite der König-straße, hinter dem Marstall des Schlosses Glienicke. Die Grabplatte in Ufernähe der Glienicker Lake, zwischen dem Haus am Wasser und der Turnhalle, ist das größte aller Pfer-degräber in Glienicke: Es misst drei mal dreieinhalb Meter. 1882 geboren, wurde der Fuchs Taurus 1890 eingestellt und verstarb 1909.

Links neben Taurus befindet sich eine weitere Grabplatte, allerdings viel kleiner: »Quicksy / August 1900 / 27. April 1908«. Über Quicksy und sein mit acht Jahren doch recht kurzes Leben ist leider nichts bekannt.

⊙ Schlosspark Klein-Glienicke und hinter dem Marstall von
  Schloss Glienicke, 14109 Berlin-Zehlendorf

· ·

Kurze Freiheit
Das besetzte Lenné-Dreieck

Wo die Mauer stand, verlief nicht immer auch die Grenze. Kleine Flächen lagen außerhalb der DDR-Grenzbefestigung. Wer auf der Westseite der Mauer stand, befand sich mitun-ter auf fremdem Hoheitsgebiet. 1988 wollten die beiden Hälften Berlins die durch die Stadt verlaufende Grenze mehr und mehr begradigen, die Enklaven sollten verschwinden. Für den 1. Juli des Jahres war ein Gebietsaustausch vorgese-hen: Die DDR sollte auch das sogenannte Lenné-Dreieck – eine Fläche zwischen dem Mauerstreifen zum Potsdamer Platz, der Bellevuestraße und der Lennéstraße – an den

Westen abtreten. Dafür waren ihr zum Ausgleich 76 Millionen D-Mark versprochen worden. Die DDR-Grenzposten konnten das Lenné-Dreieck durch eine in der Grenzmauer eingelassene Stahltür betreten, was aber nur selten geschah. Der West-Berliner Senat plante über das Gelände eine vierspurige Autobahn, die Westtangente. Sie sollte den Verkehr entlang der Mauer in Nord-Süd-Richtung mitten durch die Stadt führen. Im April rissen Ost-Arbeiter den Grenzzaun ein, denn eingemauert war das Lenné-Dreieck nie.

Zeitgleich legten im Frühjahr Umweltschützer, die sich mit alternativen Verkehrs- und Stadtplanern zusammentaten, Widerspruch ein. Die Autobahn sei unsinnig und vernichte ein einzigartiges Biotop, das sich fast 30 Jahre lang im Schatten der Grenze entwickelt habe. Das Lenné-Dreieck wurde sporadisch besetzt. Und es mobilisierte Mitglieder der alternativen und autonomen Szene, die hier einen rechtsfreien Raum fanden. Denn weder die West-Berliner Polizei noch alliierte Soldaten der westlichen Schutzmächte durften das Gelände betreten. Am 26. Mai erfolgte die Landnahme durch 30 Umweltschützer, bald waren es 200 bis 300 Besetzer. Von sanften Graswurzelschützern bis zu rauflustigen Autonomen und Punks war alles dabei, auch der Westberliner SED-Ableger SEW. Aus ein paar Zelten entstand ein autonomes Hüttendorf mit etwa 30 Unterkünften. Das Dorf verfügte über eine »Volxküche« und ein Piratenradio. Berlin-Touristen ließen sich über das Gelände führen und zeigten Sympathie für das Projekt. »Füttern erlaubt!« stand auf einem Schild: Sie spendeten für das dörfliche Leben. Der Senat konnte nur tatenlos zusehen.

Schließlich reagierten die Behörden und ließen das Gelände einzäunen. Der Zugang war von nun an schleusenartig über die verbliebenen schmalen Zugänge am Mauerstreifen möglich. Mit der Zeit wandelte sich die zunächst friedliche Landnahme, die Besetzer wurden militant. Sie hoben Gräben aus und errichteten Schutzwälle. Auf der anderen Seite positionierten sich die Einsatzwagen der Polizei. Der Senat witterte Verfassungsfeinde. Die Provokationen steigerten sich: Steine flogen in Richtung der Polizeifahrzeuge, die wiederum beschallten nachts das Gelände. Eskalierte die Situation, wurde ein Regen aus Pflastersteinen mit Schwaden von Reizgas beantwortet. Die Besetzer rüsteten sich mit Zwillen, Feuerwerkskörpern und Brandflaschen aus. Heute sieht am Potsdamer Platz das damals heiß umkämpfte Terrain ganz anders aus: Dort steht das Beisheim Center mit dem Hotel Ritz Carlton neben dem Henriette-Herz-Park.

Und die Eigentümer des Geländes? Die rund 600 Besetzer konnten aufgrund ihrer Zahl nicht einfach vertrieben werden. Für die DDR-Staatsmedien galten die Besetzer als Antifaschisten und friedliebende Aktivisten, gegen die man nicht gewalttätig vorgehen wollte. Die Grenzsoldaten trugen mitunter Gasmasken und schauten auf einer Leiter über die Mauerkrone. Das Tränengas war zu ihnen hinübergezogen und sie forderten die West-Berliner Polizei auf, das DDR-Territorium nicht weiter zu beschießen. Doch je näher der Zeitpunkt der Übergabe rückte, umso klarer wurde den Besetzern, dass der Senat das Gelände würde räumen lassen. Was tun? Das Dreieck war auf zwei Seiten von Kräften der West-Berliner Polizei besetzt, die dritte Seite bildete die Mauer.

Die Verbliebenen wollten das Gelände nicht einfach verlassen. Gut 200 Menschen harrten am Morgen des 1. Juli 1988 auf dem Dreieck aus, bereit, sich passiv zu widersetzen. Kurz vor 5 Uhr bat die Polizei die Besetzer, das Gelände zu verlassen. Doch diese zogen sich auf den Unterbaustreifen der Mauer zurück. Sie lehnten Leiter an die Mauer und stiegen auf die Mauerkrone hinauf. Im Dunkel der Nacht hatten die Grenztruppen auf der anderen Seite Lkw aufgefahren. Sie halfen den Ankömmlingen hinüber. Mit Hab und Gut, Fahrrädern und Hunden verließen die Besetzer das Lenné-Dreieck in Richtung Osten. Im Vorfeld dieser »Fluchtaktion« hatten Besetzer die DDR kontaktiert. Während auf der Westseite die Berliner Polizei ihren erfolgreichen Einsatz feierte, erhielten die Grenzverletzer bei der Staatssicherheit ein Frühstück. Es wurden ihre Personalien aufgenommen. Man belehrte sie darüber, das Staatsgebiet zukünftig nur noch regulär zu betreten. Dann wurden sie entlassen und über die Grenzbahnhöfe in den Westteil der Stadt zurückgebracht. Man hatte den Besetzern sogar Bahnfahrkarten für West-Berlin besorgt. Denn die Berliner Verkehrsbetriebe kontrollierten zusammen mit der Polizei verstärkt die Fahrscheine, um die Rückkehrenden zu stellen. Denn einen Fahrschein hätten sie – aus dem Ostteil der Stadt kommend – eigentlich nicht besitzen können.

⊙ Gebiet zwischen Lenné-, Bellevue- und Ebertstraße,
    10785 Berlin-Tiergarten

Schienenkraft am Ufer
Loks ziehen Schiffe durch den Teltowkanal

Schiffe konnten jahrhundertelang die Flüsse nur mithilfe der Strömung oder dem Wind befahren. Als dieser zum Antrieb nicht mehr ausreichte, wurden sie auch durch Menschen oder später Tiere gezogen. Bei diesem sogenannten Treideln liefen die Pferde oder Ochsen auf schmalen Pfaden entlang des Gewässers. Das Wort »Trödeln« stammt von »Treideln« ab, wenn die Schiffe nur langsam vorankamen. Sie wurden normalerweise nur stromauf getreidelt und stromab durch die Strömung oder den Wind angetrieben.

Zum Ende des 19. Jahrhunderts hat sich mit der Industrialisierung und Mechanisierung die Treidelei weiterentwickelt. Schienenbahnen fuhren in Feldbahnspurweite entlang eines Flusses. Kurz nachdem der Teltowkanal fertiggestellt worden war, eröffnete im Juni 1906 Kaiser Wilhelm II. die zugehörige Treidelbahn. Diese zog die motorlosen Lastkähne, um das sandige Kanalbett und die Uferböschungen vor dem auftretenden Wellengang der Schiffsschrauben zu schützen. So konnte man besonders die Kanäle und Schleusen kleiner gestalten. Der Kreis Teltow als Kanalbetreiber wollte aber auch den Schiffsverkehr streng ordnen. Denn der Teltowkanal wurde ganz unterschiedlich genutzt. Eine freie, ungeregelte Schifffahrt hätte den Verkehr auf der Wasserstraße enorm eingeschränkt.

Das Besondere an der Treidelbahn der Firma Siemens & Halske war, dass die Bahngleise auf beiden Seiten des Teltowkanals entlangführten. Brückenbauwerke verbanden sie an den Enden. Dadurch konnten die Treidellokomotiven

Tolles Paar: Früher waren im Teltowkanal Zug und Schiff noch »Hand in Hand« unterwegs.

jeweils die Uferseite wechseln und im Ringverkehr fahren, was besonders Schiffsbegegnungen erleichterte. Das Schleppdrahtseil wurde über einen höhenverstellbaren Treidelmast von einer Trommel auf- oder abgewickelt. Für Überholmanöver oder zur Überwindung von Hindernissen auf dem Kanal hob man den Treidelmast an. Die Brücken überspannten auch Hafeneinfahrten und Stichkanäle. Rund 160 Kilometer Schienen wurden für diese weltweit einmalige Anlage verlegt, die wenige Jahre später der Panamakanal übernahm. Die Treidelbahn am Teltowkanal bestand aus über 20 Elektrolokomotiven. Sie schafften es mit ihren 16 PS, Schiffszüge – zumeist zwei Elbkähne von je 600 Tonnen oder vier Finowkähne von je 240 Tonnen – mit einer Geschwindigkeit von 4 bis 4,5 km/h durch den Kanal zu schleppen. Unter Berücksichtigung der Schleusung, die eine halbe Stunde dauerte, benötigte ein Schleppzug durch den Kanal rund zehn Stunden und 30 Minuten.

Am Machnower und dem Griebnitzsee konnte im Kanalverlauf vom Ufer aus nicht getreidelt werden. Dort setzte man auf »Propellerbetrieb« durch zehn Schleppdampfer. Der Treidelbetrieb bestand bis zum Ende des Zweiten Weltkriegs. In den Aprilkämpfen wurden die Anlagen so schwer beschädigt, dass der Betrieb nicht wiederaufgenommen werden konnte. Die sowjetischen Besatzungstruppen demontierten die Überreste der Bahn und transportierten sie ab. Nur zwei Lokomotiven blieben erhalten: Eine steht heute im Technikmuseum, eine zweite ist an der Emil-Schulz-Brücke in der Königsberger Straße 25e über dem Teltowkanal in Lichterfelde aufgestellt. Am Beginn des Promenadenwegs steht ein Schiffsbug neben einem Glaspavillon mit der Treidellok. Auf dreiachsigem Fahrgestell ragt neben dem Führerhaus ein langer, kranarmähnlicher Ausleger auf. Mit dem Bug des 1932 gebauten und 1984 abgewrackten Frachtkahns »Sanssouci« soll eine Treidelszene auf dem Kanal möglichst realistisch dargestellt werden.

Der heutige Teltowkanalweg nutzt das Gleisbett der einstigen Treidelbahn. Den Oder-Havel-Rad- und Wanderweg nennt man deshalb auch allgemein Treidelweg.

⊙ Königsberger Straße 25e (Emil-Schulz-Brücke),
   12207 Berlin-Lichterfelde

Das ploppt
Der Bügelverschluss

Biertrinker lieben den Bügelverschluss. Doch manchmal bleibt der satt-dumpfe Laut beim Öffnen der Flasche aus. Zehn bis 15 Prozent der »Flensburger«-Flaschen versagen bei ihrem Markenzeichen – für eine Brauerei, die den Plopp gerade stark bewirbt, ist das ein Problem. Zumal der Kunde manchmal auch noch ein schales Bier erhält, weil die Dichtung eben nicht hielt. Daher hat die Flensburger Brauerei den Bügelverschluss leicht verändert. Seit 1888 wird in Flensburg mit dem Plopp produziert. Noch in den 1950er Jahren besaßen sämtliche Bierflaschen in Deutschland einen solchen Verschluss.

Der Berliner Fabrikant Nicolai Fritzner hatte den Bügelverschluss 1877 erfunden. Seine »Flaschen-Verschlußfabrik und Fabrik mechanischer Patentpropfen« befand sich in Friedrichshain in der Markusstraße 50, er selbst wohnte in der Zehlendorfer Hohenzollernstraße 21.II. Die Markusstraße existiert heute nicht mehr, ihrem Verlauf entspricht die Lichtenberger Straße. Zwei Jahre früher als Fritzner erhielt Charles de Quillfeldt in den USA das Patent für ein ähnliches Produkt. Bei Fritzners Modell jedoch wurde der Zapfen meist aus Porzellan hergestellt und trug außen einen Gummidichtungsring, der durch eine Drahtfeder auf die Flaschenöffnung gedrückt wurde. Dieser Verschluss, mit dem sich die Flasche beliebig oft öffnen und schließen ließ, veränderte die Flaschenabfüllung grundlegend.

Es gab bereits seit 1780 Glasflaschen, die meist mit einem Korkzapfen verschlossen wurden und mühsam zu öffnen waren. Die ersten Drahtbügel befestigte noch eine Manschette am Flaschenhals. Ab 1885 enthielt der Flaschenhals zwei gegenüberliegende Vertiefungen, in denen der Bügel verankert wurde. Fritzner hatte eine Erfindung des Berliners Carl Dietrich von 1875 weiterentwickelt und eine eigene Fabrik für Bügelverschlüsse gegründet. Wie er dabei auf die Idee des Verschlusses kam, lässt sich heute nicht mehr klären.

Das letzte Drittel des 19. Jahrhunderts stand im Zeichen des Umbruchs. Bier – bisher vor allem im Fass geliefert – wurde als Flaschenbier immer beliebter und der Ruf nach einem praktischen und kohlensäuredichten Flaschenverschluss lauter. Schäumendes Bier konnte bislang weder mit Korken noch Gummizapfen ohne eine zusätzliche Sicherung mit Schnur oder Draht transportsicher abgefüllt werden.

Die Flasche mit dem »Plopp« gefiel zur Jahrhundertwende vor allem den Arbeitern des Berliner Baubooms. Sie erkannten, dass die Bierflaschen sich dank des Drahtbügels nicht nur bequem – nämlich mit der Hand – öffnen, sondern auch wieder dicht verschließen ließen. Das war ein großer Vorteil gegenüber den üblichen Flaschenverschlüssen. Mit dem Bügel wuchsen die Umsätze der Berliner Brauereien.

Doch der Boom des Bügelverschlusses ebbte bereits nach 15 Jahren wieder ab, denn 1892 wurde in Baltimore (USA) der Kronkorken erfunden. Mit ihm sparten vor allem die Abfüllbetriebe erhebliche Kosten. Nach 1945 blieben nur kleine Regionalbrauereien bei den Bügelflaschen.

Seit den 1980er Jahren aber haben viele Brauereien den alten Mechanismus wieder eingeführt. Nicht zuletzt durch die Werner-Comics von Rötger Feldmann (alias Brösel) erlangte das Ploppgeräusch beim Bieröffnen Kultstatus.

Und auch die Möglichkeit, die Flasche wieder zu schließen und das Bier dadurch frisch zu halten, wurde als Vorteil wiederentdeckt. Insbesondere kleinere Bierbrauereien zielen mit der Abfüllung von speziellen Bieren, wie Bockbier oder Porter, in oft ausgefallenen Bügelflaschen auf Bierfreunde und Sammler.

⊙ Hohenzollernstraße 21. II, 14163 Berlin-Zehlendorf

. . . .

Privataudienz
Die Kirche in Nachbars Garten

Eine Bronzeskulptur, ein Hirte mit Stock und Hut, hat der Kirche ihren Namen gegeben: »Kirchlein zum guten Hirten«. Der ehemalige Radiologe Roland Jacob hat die Figur bei Ebay ersteigert, wie auch fast alle anderen Gegenstände: Die zwölf restaurierten bunten Bleiglasfenster mit christlichen Motiven und die goldverzierte Kirchenbank. Auch der aus einem Holzstück geschnitzte Christus mit den nach oben gestreckten Armen, der über dem kleinen Altar hängt, kam über das Internet. Ihn schnitzte ein französischer Bildhauer aus einem Olivenstamm. 2012 war das Kirchlein fertiggestellt, zur Einweihung sang der Countertenor Jochen Kowalski. Eine Pastorin, die der Pensionär Jacob noch aus der Klinik kannte, weihte die Kirche. Sie stand am Ende ziemlich fassungslos in dem kleinen Altarraum.

Das eigene Gotteshaus entstand hinter Jacobs Wohnhaus im Pankower Ortsteil Blankenburg. 24 Quadratmeter groß bietet es Platz für maximal 28 Gäste. Die Kirche steht im Garten zwischen Karpfenteich und Holzwerkstatt, in dem grünen Gewirr verstecken sich einige Grabsteine. Zehn Jahre brauchte der ehemalige Arzt, um aus seinem hölzernen Gartenhaus zum Überwintern seiner Pflanzen ein Gotteshaus zu bauen.

Vor der Kirche: ein Glockenspiel. Morgens um neun Uhr erklingt »Die güldne Sonne«, mittags um eins »Großer Gott, wir loben dich« und abends um sieben »Weißt du, wie viel Sternlein stehen«. Die Kirche besitzt ein kleines Spitzdach und eine echte, ferngesteuerte Kirchuhr. Im Inneren ist sogar eine elektronische Mini-Orgel aufgestellt. Etwa 70 000 Euro hat Jacob in sein »Kirchlein« gesteckt. Neben ihm steht seine Tischlerei. 31 Jahre lang war er Chefarzt am Klinikum Buch und begleitete täglich Krebskranke beim Sterben. Der Bau von Möbeln und Häusern bildete für ihn einen Ausgleich zum Berufsalltag. Die Idee, eine eigene Kirche zu bauen, hatte Jacob 2002 bei einem Urlaub in Ecuador: »Dort hatte ein deutscher Aussteiger eine Hotelanlage gebaut, mit einer eigenen Kirche aus Tropenholz«, erzählt er. »Als ich da drinnen saß, war ich fasziniert und dachte: So eine Kirche baust du dir auch.« Ihn beeindruckte die ehrfürchtige Stille – noch nicht einmal das Kreischen der Affen aus dem Dschungel drang hinein. Auch ließ er sich vom Anwesen des schwedischen Arztes Axel Munthe auf Capri inspirieren, der sich ebenfalls eine kleine Kapelle im Garten gebaut hatte.

Jacob wuchs in einer strenggläubigen Familie auf und sollte eigentlich Pfarrer werden. Die »offizielle Kirche« wurde ihm aber zunehmend fremd. Nach dem Mauerfall trat er aus der evangelischen Kirche aus: Viele Gemeinden würden kaum nach außen wirken. Sein »Kirchlein« dagegen sei

Platz ist in der kleinsten Hütte: Nur 24 Quadratmeter umfasst die Privatkirche von Roland Jacob.

ökumenisch und auch offen für Konfessionslose, sagt Jacob. Er möchte mit ihnen über Philosophie und Glaubensfragen diskutieren.

Ursprünglich hatte Jacob die Kirche nur für sich gebaut. Jeden Tag geht er nun an seinem Konfirmationsspruch vorbei, »Gott ist getreu«, der in großen Lettern über dem Eingang steht. Inzwischen ist er wieder Mitglied der evangelischen Kirche. Seine eigene Kirche hat ihn zurück in die Gemeinschaft geführt. Mit der benachbarten Kirchengemeinde organisiert Jacob jetzt Lesungen und Konzerte in seiner Kirche. Alle drei Monate fand eine Zeit lang die Gesprächsreihe »Gott im Garten« statt. Einmal im Monat veranstalten er und seine Frau ein Hauskonzert.

⊙ Straße 39 29, 13129 Berlin-Blankenburg (Anmeldung unter: Tel. 030 / 474 39 22 oder per E-Mail an roland.jacob.berlin@ googlemail.com)

· ·

Filme mit Pfiff
Die Kinoorgel im »Babylon«

Dutzende Register reihen sich an- und übereinander, Tasten – elfenbeinfarben, rot, schwarz, braun. Die Tasten sind farbig gestaltet, um die unterschiedlichen Klangfarben optisch unterscheiden zu können. Mit Namen sind die Klänge markiert, die aus der Orgel ertönen: Vox Humana, Solo Saxophone, Gamba, Triangel. Ein ganzes Orchester kann die Kinoorgel imitieren, von der Trommel bis zur Harfe ist die ganze Klangfarbenpalette dabei.

Im großen Kinosaal des »Babylon« steigt Anna Vavilkina, Deutschlands einzige festangestellte Kinoorgelspielerin, hinter den Spieltisch – der für die Zuschauer sichtbare Teil der Kinoorgel. Am Rosa-Luxemburg-Platz steht die einzige in Deutschland am originalen Standort erhaltene Kinoorgel. Sie stammt von 1929, steht inzwischen unter Denkmalschutz und ist mit 100 Registern die größte des Landes. Der eigentliche Klangkörper mit 913 Orgelpfeifen befindet sich seitlich verborgen hinter einer Holzverkleidung. Die Organistin setzt sich, zieht links und rechts Register, platziert ihre Füße zwischen den Pedalen und spielt los. Bei der Stummfilmbegleitung lässt sich Vavilkina von Notensammlungen aus den 1920er oder 1930er Jahren inspirieren, aber sie spielt immer ohne Partitur. Während des Musikstudiums in Moskau spezialisierte sie sich auf Improvisation. Auch die Erfahrungen als Kirchenmusikerin in Köln und Düren helfen ihr beim Spiel im Kino. Vor jedem Auftritt schaut die Organistin zur Vorbereitung mindestens einmal den Film. Sie merkt sich Szenen, wo etwas Besonderes passiert. Wenn eine Figur zum Beispiel die Treppe herunterpurzelt, muss sie im richtigen Moment das Holterdipolter spielen. Insgesamt 34 Spezialeffekte bedient Vavilkina vom Spieltisch aus. Sie drückt einen Hebel und schon ertönt das passende Geräusch zu der Szene auf der Leinwand. Wenn umgekehrt wenig passiert, muss sie probieren, das Publikum bei Laune zu halten.

Die Treppen hoch zum Kinosaal drei: Hinter der Leinwand steht der große Motor, der die Orgel antreibt. Links davon ist eine Tür. Tritt man hindurch, steht man mitten in der von der Frankfurter Firma J. D. Philipps gebauten Kinoorgel. Es geht eine Holztreppe hinauf, auf der rechten Seite türmen sich die Orgelpfeifen. Filigrane Drähte verbinden die Teile des Instruments mit dem richtigen Register oder Pedal. Dort steht auch der Tisch mit den Spezialeffekten: Hohle, kurze, hölzerne Rohre, auf die Holzbretter wie Pferdehufe klopfen. Fährt im Film eine Eisenbahn, rattert ein gebogener, fester Draht auf einer genoppten Metallplatte entlang. Eine Glocke klingt, wenn die Feuerwehr alarmiert wird. Unter den Pfeifen stehen Pauken, die ebenfalls automatisch gespielt werden, sobald Anna Vavilkina das entsprechende Register zieht.

Vor dem Zweiten Weltkrieg gab es über 100 Kinoorgeln in Deutschland. Als 1930 Josef von Sternbergs Film »Der Blaue Engel« mit Marlene Dietrich herauskam, wollte eigentlich keiner mehr Stummfilme sehen. Jedes Kino kaufte einen Tonfilmprojektor, die Kinoorgeln wurden verkauft, manche auch verschrottet. Jene, die noch übrig waren, wurden im Krieg zerstört. Einige baute man auseinander und verwendete ihre Teile für Kirchenorgeln. Um 1936 war der Stummfilm endgültig durch den Tonfilm abgelöst worden. Die Kinoorgel im Kino »Babylon« hatte man eingemauert und dann gewissermaßen vergessen. So konnte sie die Zeit überstehen.

Dass die Kinoorgel noch erhalten ist, hat Berlin dem Tischler Hans-Joachim Eichberg zu verdanken. Er kam 2005 zur Neueröffnung des Kinos und arbeitete unentgeltlich daran, die Orgel wieder in Betrieb zu nehmen: »Sie war völlig stumm, sie gab keinen Piep von sich.« Zuletzt half ihm dabei Anna Vavilkina. Während sie unten die Tasten bediente, reparierte er oben die Orgel. Seitdem Eichberg im März 2017 mit 87 Jahren gestorben ist, fehlt die Symbiose zwischen Handwerker und Spielerin. Der Tischler konnte auch Orgel spielen, er hatte es sich selbst beigebracht. In seiner Wohnung stand ein voll funktionstüchtiges Instrument, Marke Eigenbau.

Das »Babylon« ist heute das letzte überlebende Kino aus den 1920er Jahren und als Aufführungsort von Stummfilmen bekannt. 2019 wurde außerdem zum 90-jährigen Jubiläum des Hauses das »Babylon Orchester Berlin« gegründet, das live Stummfilme begleitet.

⊙ Rosa-Luxemburg-Straße 30, 10178 Berlin-Mitte

Gepresstes Glück
Die Erbswurst war eine Suppe

Als erste deutsche Tütensuppe gilt die Erbswurst des Berliner Konservendosenunternehmers Johann Heinrich Grüneberg. Auch wenn sie nicht in der Tüte daherkommt, ist sie doch eines der ältesten industriell hergestellten Fertiggerichte. Verschiedene Erfinder hatten sich an der neuen Speise versucht und waren gescheitert. Bei Grünebergs Erbswurst handelte es sich nicht um eine Wurst, sondern um Portionstabletten, aus denen man Suppe machen konnte. Sie wurden zunächst in Naturdärme, später in eine längliche Pergamentpapierpatrone gepresst und bestanden aus Erbsenmehl, Rinderfett, entfettetem Speck, Salz, Zwiebeln und Gewürzen. Später hat man die Zutaten deutlich verändert. Die Portionsstücke wurden zerdrückt, in kaltem Wasser auflöst und einige Minuten gekocht. Es entstand eine rasch nutzbare, sämige Erbensuppe mit hohem Eiweiß- und Fettgehalt.

Entwickelt hat der gelernte Koch Grüneberg die Erbswurst 1867 in der Oranienburger Straße 56. Er besaß gute Kontakte zur Heeresverwaltung und lockte die Verantwortlichen mit der Idee einer wohlschmeckenden, einfach zuzubereitenden und relativ leichten Erbsensuppe im Tornister. Im Frühjahr 1870 wurden in Frankfurt am Main und in Brandenburg an der Havel zwei sogenannte Erbswurst-Kommandos abgestellt, bestehend aus Offizier, Unteroffizieren und etwa 20 Soldaten. Sie waren zuvor gewogen worden. Sechs Wochen lang ernährten sie sich nur von der üblichen Portion Kommissbrot (430 Gramm/Tag) und Erbswurst. Die Soldaten nahmen etwa fünf Pfund zu und wiesen keinerlei Mängelzustände auf. Mit ihrem hohen Eiweißanteil konnte die Erbse das Fleisch gut ersetzen. Grüneberg verkaufte seine Erfindung an die preußische Armee, die sie ab 1870 im Deutsch-Französischen Krieg zuerst als »eiserne Ration« an ihre Soldaten verteilte. Denn die Verpflegungsstrukturen der deutschen Heere waren unzureichend. Rückstaus behinderten den Nachschub und in den drei Zentraldepots verdarben im großen Umfang Lebensmittel. Im preußischen Kriegsministerium gehörte die Erbswurst bald zur modernen Kriegsführung. Die haltbare und einfach zu transportierende Dauerkonserve machte die Truppenführung flexibler. In der »Deutschen Industriezeitung« hieß es dazu: »Es brauchen die Viehheerden dem Heere nicht nachgetrieben zu werden, man ist also nicht der Gefahr ausgesetzt, daß Seuchen unter dem Vieh ausbrechen und die vielen tausend Centner Knochen und Häute bleiben zu Hause und am großen Markt.«

Bei Ausbruch des Krieges 1870 wurde auf Staatskosten eine Fabrik errichtet, die »Königl. Preußische Fabrik für Armeepräserven in Berlin«. In ihr produzierten 1 700 Arbeiter nach nur wenigen Wochen Bauzeit zuerst bis zu 65 Tonnen Erbswurst, dann parallel haltbares Fleisch und Gemüse (Präserve). Die fertige Kochmasse wurde anschließend in Eimern zu Spritztischen gebracht, wo allein 150 Leute die grüne Masse mit Wurstspritzen in Tierdärme quetschten. Das Militär schuf weitere Kapazitäten in Frankfurt am Main, Hamburg und München, vor allem aber in Gustavsburg bei Mainz. Die neuen Fabriken erprobten zugleich weitere Produkte. Doch bei Bohnen- und Linsenwürsten entsprachen weder Nährwert und Haltbarkeit noch der Geschmack den Erfordernissen einer akzeptablen Grundversorgung. Nach dem Krieg hatten die Männer noch nicht genug von der gelb-grünen Brühe. Der Siegeszug der Erbswurstsuppe setzte sich auch in Privathaushalten fort. 1889 kauften die Gebrüder Knorr Grünebergs Patent und brachten das Trockengemisch fortan massenweise unter das Volk. Gute Erfahrungen mit einer epochalen Idee eines anderen Wegbereiters für industriell hergestellte Nahrungsmittel hatte die Firma damals schon gesammelt. Denn auch ihre Suppenpräparate waren nicht eigenen Vorkostern zu verdanken. Groult & Co. in Paris war schneller als die Söhne des Unternehmensgründers Carl Heinrich Knorr.

Als billiges, nahrhaftes, nahezu unbegrenzt haltbares und einfach zuzubereitendes Gericht wurde die Erbswurst allgemein beliebt. Nicht nur Soldaten, auch Wanderer, Bergsteiger und Abenteurer zählten das Instantprodukt bald zu ihrer Grundausstattung. Die Vorteile der Erbswurst lagen auf der Hand: Sie war bequem, handlich, leicht und lange zu lagern, nahrhaft und billig. Und die Zubereitung war so einfach, dass selbst Männer damit zurechtkamen. Ihre Produktion wurde erst 2018, nach knapp 130 Jahren, wegen zu geringer Nachfrage eingestellt.

⊙ Oranienburger Straße 56 (heute: früheres Kunsthaus Tacheles), 10117 Berlin-Mitte

Urkomisch
Der dumme August

Er ist tollpatschig, besonders ungeschickt. Der dumme August stolpert ständig über etwas oder fällt hin. Was auch kein Wunder ist, weil der dumme August immer Schuhe trägt, die ihm mindestens zehn Nummern zu groß sind. Alles misslingt ihm. Ursprünglich war der dumme August die parodierte Figur des Stallmeisters, die der amerikanische Artist Tom Belling (1843–1900) im Jahr 1873 im Berliner »Circus Renz« schuf.

Belling war als Schlangenmensch (Kontorsionist) im Zirkus beschäftigt. Da seine Darbietung sehr kurz war, hatte man ihn nicht ins Programm aufgenommen. Meistens kümmerte er sich in Uniform um das Wohl der Pferde, war ein guter Kollege und trank fast täglich. So blieb er einige Jahre im Zirkus, ohne selbst in der Manege aufzutreten. Eines Tages jedoch interessierte sich der Direktor Renz für ihn und wollte ihn als Schlangenmensch auftreten lassen. Belling versuchte, seine Darbietung einzuüben. Er trainierte zu Hause, doch nichts gelang ihm. Fast verschlief er nach einem Trinkgelage seinen Auftritt. Vom Gewandmeister bekam der schwankende Mitarbeiter keine Uniform ausgehändigt. Belling rannte daraufhin in die Garderobe und zog sich dort irgendeine Uniform über. Er eilte in die Manege. Dort hatte man schon damit begonnen, den Teppich auszurollen. Belling wollte seinem Kollegen noch helfen, doch er stolperte und fiel ins Sägemehl. Verwirrt stand er wieder auf und versuchte, sich zu schütteln. Sein Hinfallen, das viel zu große Kostüm, die strubbeligen Haare und seine vom Trinken rote Nase sorgten beim Publikum für ein lautes, nicht enden wollendes Gelächter. Niemand wusste, dass dieser Sturz nicht einstudiert war. Weil der Clown selbst keine Nummer auf Lager hatte, schaute er verwirrt in die vollen Ränge. Ein Zuschauer brüllte: »Aujust!« Belling schaute den Rufer verständnislos und besonders dumm an. Immer mehr Zirkusbesucher riefen: »Aujust! Aujust!« Denn so nannten die Berliner beschränkte oder auch dumme Leute. Belling verschwand verwirrt in den Kulissen, der ganze Zirkus aber schrie: »Bravo August! Bravo!« Damit war das Schicksal Tom Bellings entschieden.

Dem Publikum gefiel der Tollpatsch und der Zirkusdirektor entschied, die Nummer in das Programm aufzunehmen. Der dumme August – bunt geschminktes Gesicht, struppige Perücke, rote Plastiknase und weite Hose – wurde zum Gegenspieler des Weißclowns. Mit ihm tritt er in der Regel auf und wird von ihm dann ständig zurückgewiesen. Meistens sind die Sympathien der Zuschauer eher beim warmherzigen, tölpelhaften dummen August als beim besserwisserischen Weißclown.

⊙ Früherer Circus Renz (heute Bahnhof Friedrichstraße und später die ehemalige Markthalle auf der anderen Spreeseite), Am Zirkus 1, 10117 Berlin-Mitte

Inhaltsübersicht

Stichwortverzeichnis

Der Autor

Harald Neckelmann, geboren 1965, studierte Publizistik, Politologie und Niederlandistik in Münster, Berlin und Amsterdam. Von 1995 bis 2007 arbeitete er als Autor und Korrespondent für den ARD-Hörfunk. Seither ist er als Sachbuchautor, Dozent und Stadtführer in Berlin tätig. Von ihm erschienen bereits zahlreiche Bücher zur Geschichte und Gegenwart Berlins.

Bildnachweis

akg-images / TT News Agency / SVT   19

Bundesarchiv (Bild 183-14926-0001)   90

Dalbéra, Jean-Pierre (www.flickr.com/photos/dalbera)   145

Deutsche Bundesbank   35

Friedrichstadtpalast (Foto: Robert Grischek)   117

Landesarchiv Berlin (F Rep. 290 (02) Nr. 0193567 / Foto: Karl-Heinz Schubert)   55

Neckelmann, Harald   8, 31, 51, 77, 81, 95, 105, 111, 121, 131, 137, 153, 157, 163, 167, 184, 199

picture alliance / dpa / Peter Hammer   15

Stiftung Deutsches Technikmuseum Berlin   73

ullstein bild   47 (Uhlenhut) , 86 (von der Becke)

Wikimedia Commons   25 (JoachimKohlerBremen), 41, 61, 67, 127, 142, 175 (Fridolin freudenfett), 193

Youtube   100

Torsten Harmsen

Neulich in Berlin
Kurioses aus dem
Hauptstadt-Kaff

ISBN 978-3-8148-0231-2
Buch 14,– € / E-Book 9,99 €

Seit vielen Jahren erzählt Torsten Harmsen in der »Berliner Zeitung«
von den Herausforderungen und Überraschungen, die das Berliner
Alltagsleben mit sich bringt. Mal belauscht er unfreiwillig skurrile
U-Bahn-Gespräche, mal wundert er sich über merkwürdige Hallo-
ween-Riten, kämpft gegen bissige Großstadt-Mücken und freche
Wildschweine oder sinniert über die Lebensweisheiten seiner Ur-
Berlinerischen Tante.

Harmsen beobachtet nicht nur das merkwürdige Verhalten seiner Mit-Berliner, sondern freut sich auch über die Eigenheiten des
heimischen Dialekts, der für fast jede Lebenslage einen passenden
Ausdruck parat hat. So sind die Geschichten in diesem Buch letzt-
lich so vielfältig und wunderlich wie die Stadt selbst.

»Torsten Harmsen hat seine oft amüsanten Kolumnen zwischen
zwei Taschenbuchdeckel gepackt.«

Tagesspiegel Checkpoint

Torsten Harmsen

Der Mond ist ein Berliner

Wunderliches aus dem
Hauptstadt-Kaff

ISBN 978-3-8148-0242-8
Buch 14,– € / E-Book 9,99 €

Wer Berlin verstehen will, der sollte dieses Buch lesen. Torsten Harmsen, langjähriger Redakteur der »Berliner Zeitung«, erforscht die Abgründe des Hauptstadtalltags und versucht, sich einen Reim auf die Eigenarten seiner Mit-Berliner zu machen. Ob es um geheime Raumstationen geht, um undankbare Möwen oder kuriose S-Bahngespräche – nichts ist ihm zu abseitig, um nicht einen Funken Welterkenntnis daraus zu schlagen.

Ironische Distanz, gepaart mit Herzlichkeit und Witz, machen die Texte von Torsten Harmsen zu einem kurzweiligen und erhellenden Lesevergnügen ...

»Es sind alles Momentaufnahmen – doch in der Summe werden die so etwas wie ein Großstadtroman. Langzeitstudien unseres Großstadtlebens en miniature.«

Thomas Böhm, radio eins
(über Torsten Harmsens »Neulich in Berlin«)

Evelyn Csabai, Julia Csabai

Allerletzter Aufruf Tegel!
Erinnerungen an den tollsten
Flughafen der Welt

ISBN 978-3-8148-0249-7
14,– € / E-Book 9,99 €

Kaum ein deutscher Flughafen war so bekannt, beliebt und umstritten wie Berlin-Tegel. Das legendäre Sechseck mit seinen kurzen Wegen brachte Menschen und Schicksale näher zusammen als viele andere Airports. Über 25 Jahre lang haben die Schwestern Julia und Evelyn Csabai hier Fluggastbefragungen durchgeführt und dabei die kuriosen Erlebnisse von Reisenden, Stewardessen, Schalterpersonal, Sicherheitsleuten, Reinigungskräften und Ladenbesitzern aufgeschrieben.

Aktualisierte Neuauflage des Bestsellers »Letzter Aufruf Tegel!« – mit über 40 Abbildungen, einer Übersichtskarte und einer Chronologie des Flughafens von den Anfängen bis zur Schließung

»Es geht um Menschliches und allzu Menschliches,
immer mit einem sympathischen Hauch von Nostalgie.«

Süddeutsche Zeitung

»Eine Liebeserklärung.«

Der Tagesspiegel

Robert Löhr, Christoph Rode

Wildes Berlin
Ein Bestiarium
der Hauptstadt

ISBN 978-3-8148-0226-8
12,– €

In Berlin ist tierisch was los! Dieses Buch stellt die skurrilsten Hauptstadtbewohner in ihrem natürlichen Lebensraum vor: Prenzlbiber und Reinickendorfer Füchse, Köpenicker Rotwild und Zehlendorfer Schwarzwild, Spanische Streuner im Friedrichshain und Hipster-Waschbären in Neukölln.

Wir lernen die Hackordnung der Türkentaube kennen, die Flugrouten der Berghain-Fledermaus und die Drogenverstecke des Neuköllner Heidehasen – und wir begreifen, dass die Fauna der Stadt ebenso abwechslungsreich ist wie ihre Menschen: von tollwütig bis halb so wild, von aalglatt bis saudumm ist alles dabei.

Jörg Sundermeier

11 Berliner Friedhöfe, die man gesehen haben muss, bevor man stirbt

ISBN 978-3-8148-0224-4
Buch 16,– € / E-Book 10,99 €

Friedhöfe sind nicht nur Orte der Trauer. Sie bieten dem Besucher zuweilen auch einfach eine Oase der Ruhe. Aber einige Friedhöfe können noch viel mehr: Wer sich auskennt, kann zum Beispiel Zwiesprache mit Hegel halten, mit einem Glas Sekt auf E.T.A. Hoffmann anstoßen, nächtliche Gespenster jagen oder in umgebauten Friedhofskapellen Kaffee trinken und über das Leben nachsinnen. Oder über die Irrungen und Wirrungen der deutschen Geschichte, die sich gerade auf Friedhöfen besonders deutlich manifestieren.

Jörg Sundermeier verrät in diesem Buch, welche elf Berliner Friedhöfe man unbedingt besucht haben sollte, bevor man selbst ins Grab sinkt.

»... ein ganz besonderes Berlin-Buch.«

Berliner Zeitung

»Jörg Sundermeier nimmt den Leser mit Wortwitz auf eine unterhaltsame Tour zu den letzten Ruhestätten berühmter Berliner ...«

Gazette Berlin

Heidje Beutel, Markus Gerold,
Wilfried Griebel

Bergführer Berlin
Ein Stadtführer für
urbane Gipfelstürmer

ISBN 978-3-8148-0234-3
16,– €

Mit diesem Buch entdecken Sie die Stadt von einer neuen Seite. Eine Seilschaft von neun Autoren hat sich auf den Weg gemacht, die zahlreichen Höhenzüge Berlins zu finden und zu erklimmen. Dabei haben sie nicht nur in den Außenbezirken, sondern auch mitten in der City reizvolle Ausflugsziele ausfindig gemacht, die den Horizont erweitern.

Jedes der 57 Kapitel enthält praktische Tipps zu Anreise, Einkehrmöglichkeiten und notwendiger Ausrüstung sowie Hintergrundinformationen zu Geschichte, Geographie und Landeskultur.

»Im feuilletonistischen Plauderton geschrieben und liebevoll illustriert, macht der Band Lust auf eigene Erkundungen.«

Der Tagesspiegel

»Das Fazit der Lektüre ist eindeutig: Ein unverzichtbares Buch für Berliner Bergfreunde!«

Berliner Bergsteiger